U0001639

HANNAH ARENDT

漢娜・鄂蘭

政治的承諾

蔡佩君◎譯

葉浩——政治大學政治學系副教授◎導讀

THE PROMISE OF POLITICS

體例說明……5

導讀　葉浩－政治大學政治學系副教授……7

導言　傑若米．柯恩－紐約社會研究新學院漢娜鄂蘭研究中心主任……29

1　蘇格拉底 Socrates……61

2　政治思想的傳統 The tradition of political thought……99

3　孟德斯鳩對傳統的改寫 Montesquieu's revision of the tradition……123

Contents

目　錄

4 從黑格爾到馬克思……131
From Hegel to Marx

5 傳統的終結……143
The end of tradition

6 導「入」政治……155
Introduction *into* politics

跋……267

漢娜．鄂蘭其他作品……272

譯名對照……i

體例說明

一、本書注釋採隨文注，標示「鄂注」為鄂蘭的補充說明；標示「柯注」為英文版編者柯恩做注；標示「譯注」為中文版譯者蔡佩君做注。

二、鄂蘭作品中譯名稱以繁體出版品為優先，未曾出版成書者則採用學術界通稱。

三、譯名對照採橫排左翻，條目依中文注音順序排列。

歷史灰燼底下的三顆珍珠與後極權主義政治的出路

鄂蘭《政治的承諾》導讀

葉浩
政治大學政治學系副教授

「無欄可憑，無柱可倚，
如遇大風，無處著腳。」
——郭沫若，《蘇聯紀行，七月十七日》

「過去已經變成傳說，乃擁有權威；
權威出之以歷史的面貌，乃成為傳說。
華特．班雅明深知，
在他有生之年所發生的
傳統的斷裂與權威的喪失乃無可挽回的，
於是做出結論，他有必要
找出新的方法來處理過去。」
——鄂蘭，《黑暗時代群像》

一、前言

漢娜．鄂蘭的《心智生命》是眾所週知的未完成鉅著。該書源自於她在一九七二到一九七四年間應蘇格蘭亞伯丁大學（Aberdeen）之邀所作的「吉福德講座」(Gifford Lectures)，只完成了關於以開放性為特徵的「思考」和以封閉性為特徵的「意志」兩冊，留給不在講座現場的後人不斷揣測她預計書寫的第三冊「判斷」終究會如何保有或化解兩者的緊張關係。

比較鮮為人知的是鄂蘭另外兩個維持了十年、但最終放棄的大型寫作計畫。一是緊接著一九五一年出版了《極權主義的起源》之後的《馬克思主義中的極權主義元素》，目的在於補足前者刻意留下的最後一塊重要拼圖；另一個則是一九五六年開始著手的《導入政治》，旨在重申政治的本質以及行動之於人類自由的重要性，而據鄂蘭自己的陳述，這本書不但會納入馬克思作為極權主義元素的分析，且成書之後的內容將會讓一九五八年出版的《人的條件》讀起來像是其「序言」。讀者手上這本《政治的承諾》，正是鄂蘭的學生傑若米．柯恩從上述兩本未竟之書的數百頁遺稿所編輯而成。

鄂蘭原本就是一位思想令人著迷但行文論述卻不容易掌握的作者，假他人之手編輯的書肯定添加了另一層面的難度。誠然，柯恩為此提供了一篇兼具解釋與詮釋的導言，詳實地解說他的編輯理由以及本書在鄂蘭整體思想之中的位置與意義。此外，他也特別解釋了鄂蘭為何「難讀」。首要的理由是因為鄂蘭企圖理解的東西本來就相當困難，且不易表述；再者是因為她本人的心智複雜，並總以不同的角度來看待、敘述一件事情，從而讓人難以掌握甚至忽略其思想之整體結構。

筆者同意柯恩所言，閱讀鄂蘭必須仰賴明辨的眼光和堅定的意志，才不至於迷失在角度轉換的書寫之中。不過，她的語言本身其實也是個容易讓人遊走於迷宮的理由。來自德國的她，雖然通曉多種古今歐洲語言，並以英語著書立說，但思考上終究難脫母語的影響。再者，她習慣使用哲學術語，它們的定義也許對學者來說不陌生，但一般讀者卻只能望文生義。另一方面，她也創造了不少新詞來承裝她試圖解說的概念或描繪的現象，且使用的字詞往往又採取了它們最原始的本意。

例如，鄂蘭論及極權主義底下的「責任」（responsibility）時，該詞主要指的並非事後應該受到的懲罰，也不是針對邪惡政策的因果關係（誰才是主謀、誰僅僅執行命令），而是事發當時身為一個具有自由意志、判斷能力的獨立個人，應該要有的「回應」（response）。至於通常中譯為「常識」的英語「common sense」，在她的文本之中總帶有其拉丁文字源「sensus communis」的「社群共感」意涵，包括一群人共同享有的感受、看法，人們所謂的常識不過是其中的一環。又簡單如「principle」（原則）一詞，在她的用法底下許多時候根本非關行為處事的準則，而是關乎事物生成的原理，且指的並不是類似自然定律或法則那般的理由或邏輯，而是如同DNA那樣的實體存在——換言之，指的是形而上或說「本體論」（ontology）層次。

是故，閱讀鄂蘭的著作必須對她的文字保持相當警醒的態度。更何況，她不只一次提及，西方之所以步入了極權主義，本身與人們忘卻了許多日常語彙的字源有關。《政治的承諾》無疑是此一想法的最完整的闡釋。收錄的六篇文章涉及了「傳統」、「權威」、「政治」、「哲學」等主要概念的歷史分析、語意轉變，以及這些轉變所代表的心智狀態與文化意涵。而貫穿其中的，不外是在我們的時代之中，重建這些字詞所乘載的概念與指涉之作者企圖。

二、政治作為一種歷史偶然性的人類成就

這當然是一個與集體遺忘對抗、力挽狂瀾的宏大企圖。鄂蘭最致力於恢復的記憶，莫過於「politics」（政治）一字，其字源乃古希臘的「polis」（城邦）。她在《人的條件》已從古希臘的詩詞、戲劇和哲學挖掘出當時對於「政治行動」的理解，其意義在於「共

同行動」（acting together）。換言之，政治乃關乎一群人共同事務、共同命運的一種活動，且唯有人人平等，既能自由發言來試圖說服對方，且聽取彼此意見，進而達成共同的決定，才稱得上是一個政治社群。當鄂蘭使用「政治」一詞時，指的是其古典的「關乎眾人共同事務」之意，本書書名也不例外。

不過，書名的「承諾」有必要進一步解釋。《人的條件》一書也提及承諾（promise）與原諒（forgiveness）之於政治的必要。在那裡，鄂蘭強調既然政治作為一種眾人的共同行動，無論出自於卓越人士的領導或集體意志的決斷，都可能遭遇各種意外或阻撓而以失敗告終，因此，過去的承諾不一定會落實，原諒則是社群得以走出歷史傷痛的必經之路。就此而言，社群的維繫本身是一個原諒與再次承諾的循環。

這並非本書書名所指的意思。首先，書名原文「The Promise of Politics」不能等同於「Political Promises」，因為主題不在於來自政府或政治人物所做的「政治性」承諾，而是來自於「政治」這一回事，而其中的限定詞「the」更是暗示了政治本身關乎一件特定的事。

再者，根據上述鄂蘭對於政治的理解，這一件特定的事指的不外是「自由」。一來，作為關乎眾人集體事務和共同命運的政治，本身意味著每一個人都不該輕忽且應積極參與的活動，因為唯有在進行此一活動當中，個人的自由意志以及集體的自主權才得以展現，才享有完整的自由；換言之，這樣的自由，就是政治一事，且唯有政治一事，所能賦予每一個社群成員的。二來，此一理解也意味著，唯有在集體上不受外力干擾，個別成員又能享有權利進入公共領域互換意見、溝通與辯論，一個社群才算是擁有「政治自由」。上面三個「唯有」不僅共同指向一種特定條件的滿足，也暗示一種偶然性。

進一步解釋，政治在鄂蘭眼中本來就是一種偶然性的成就，彌足珍貴。這種想法不同於時下常聽聞關於政治的定義，例如預設統治者與被統治者的「管理眾人之事」或現實主義者主張的「權力鬥爭」，也不是女性主義者所謂的「存在人際之間的一切」。這些理解對鄂蘭來說都是一種出自特定理論或意識形態的偏見或誤解，且源自於對古希臘曾經有過的實際政治經驗之遺忘。

是故，「政治的承諾」關乎歷史曾存在、現在值得擁有的一種人類經驗：政治——其本質是一種集體活動，目的在於讓人在個人上與集體上皆彰顯自主性，也就是鄂蘭終身所捍衛的「自由」。這樣的政治，大多數的時候並不存在，但，只要某些條件的滿足，當可出現，而出現的時候也就是自由的時刻。換言之，這樣的自由是人們「進入」政治的時候可預期的經驗，所以稱之為「承諾」或「許諾」似乎也恰當，相信鄂蘭本人不會反對。

至此，讀者也當可體會作為《人的條件》序言的本書第六章〈導「入」政治〉（Introduction *into* Politics）為什麼要用那樣的標題。鄂蘭試圖指引身處極權主義肆虐過後的我們如何進入古希臘城邦所體現的那一種政治時刻，或說自由。

值得注意的是，此舉並非不少論者所批評的「懷舊」，亦即過度美化古希臘城邦，一個再也回不去的政治體制，因此，鄂蘭的著作所指向的充其量是一種過去並不存在、未來也不可能「再現」的想像烏托邦。實則不然，對鄂蘭來說，這樣的政治於今依舊可能，只要當前阻擋它成為現實的障礙能夠排除。這些障礙不只有極權主義者或政治野心家，還有西方整個政治思想傳統。據此，〈導「入」政治〉只是一份基於實際歷史經驗的處方，本書其它五章則提出了關於二戰之後西方思想與文化處境的診斷與病理報告，包括對於後極權時代的人類處境，以及針對柏拉圖所開啟的「政治哲學傳統」之分析。

三、「無欄可憑、無柱可倚」的後極權主義時代

於是，《政治的承諾》一書可理解為鄂蘭關於後極權主義時代政治出路的思索，既試圖恢復人類對於政治自由與行動能力的記憶，也致力於對抗整部人類史上所充滿

的各種逃避、否定或企圖殲滅政治與自由的思想與行動。

首先，鄂蘭必須確認當時的真實人類處境。德國在本書收錄文章的書寫時刻，看似徹底走出了極權主義，紐倫堡大審也早已結束，被判「反人類罪」的主要納粹戰犯已被處死，轉型正義更是取得了豐碩的成果，且人權再次被高舉為普世價值。然而，看在鄂蘭眼裡，如此快速的價值體系全面翻轉，並不值得慶幸，因為那如同納粹年代的思想失根狀態，道德淪為「餐桌禮儀」那般容易更換，大風一吹就輕易地反過來了。

鄂蘭並未說明，從對於屠殺猶太人政策的接受（至少是不反抗，乃至默許）回轉的德國人必須怎麼做，才不至於像更換餐桌禮儀那樣輕易，才算大徹大悟。

不過，對她來說問題的真正核心是，正如她在《過去與未來之間》書中所指出，威權體制實際上只會出現於政治權威不再的時候，也就是一個情感孤獨且思想失去根基的時代，一個亟須填補的心靈與道德真空，而一次世界大戰肆虐過後人們所處的就是這樣的年代。

此前的人們曾經相信啟蒙運動的「理性之光」，將會帶領世界走向永久和平、進步繁榮以及穩定安全的美麗新境界。然而，殘酷的戰爭讓人明白，之前以為的曙光原來是理性的黃昏。最終迎接人們的，是一個情感與思想上皆孤獨且無所依靠的時代，一個亟須填補的心靈與道德真空。鄂蘭眼中的那個年代，前所未有的殘酷戰爭就是一場大風，幻滅的人們猶如在「無欄可憑，無柱可倚」（without banisters）的處境之中，試著伸手去抓任何看似穩固、可以依靠的東西。其結果是，人們錯把歷史的「小丑」希特勒當日耳曼民族的偉大英雄，誤把納粹主義當作解藥。不僅如此，在這樣一個「如遇大風，無處可著」的世界裡，不僅極權主義有機可乘，「失根的惡」（rootless evil）也俯拾即是——一九六一年的「耶路撒冷審判」主角，納粹黨衛軍高級將領艾希曼身上所展現的「思考匱乏」（thoughtless）是為一例。

「失根」當然是一種常見的比喻，然而在鄂蘭的著作裡，至少有三個彼此關聯的不同意涵。第一個涉及了思想與道德傳統的連根拔起。根據她在《過去與未來之間》的界定，「傳統」（tradition）不同於「傳統主義」（traditionalism）。前者指的是真正伴隨「權威」（authority）的一整套價值觀念與思想體系，能夠為人們的生活指引方向，提供是非對錯的判斷標準，但不靠威嚇脅迫等強制力的一種規範性力量；後者指的則是那種失去了這種能力的保守勢力反撲，例如英國保守主義者柏克在法國大革命狂捲歐洲的年代，高舉過往的光榮傳統那樣。

再者，鄂蘭也提醒：「傳統的終結並不見得意味著傳統的概念失去了掌控人心的力量。相反，那些老掉牙的觀念和概念，有時候會在傳統失去生命力，記憶開始消退的時候，更加專制。」換言之，傳統主義者口中的「傳統」，根本不是真正具有權威，而是那些在過去享有特權的人士編織的虛構記憶，或能暫收短期功效，但終究會以失敗結束。這種作法本身就是一種失根，亦即與人們的實際生活和時代精神脫節的反動策略。

事實上，鄂蘭認定西方存在過一個具有權威的偉大思想傳統。《政治的承諾》第一至第五章致力於釐清此一傳統的起源、發展以及終結。鄂蘭最重要的洞見則或許在於：此一始於柏拉圖、終於馬克思的「哲學傳統」，之所以會被連根拔起，乃因從不根植於「實際政治經驗」——而且，「只有當極權主義成為陳跡時，我們這時代的真正困境才會顯現其真正的形式——儘管不一定是最殘酷的形式。」

如同更換餐桌禮儀般翻轉納粹時期的一切價值觀，正是這種真正形式的特徵。它也意味著，後極權時代其實仍舊是一個傳統斷裂、權威不再的失根世界，而我們只能在這風雨飄搖處境底下尋求出路。

四、蘇格拉底：柏拉圖的哲人vs.鄂蘭的公民

上述第三種「失根」意涵，亦即政治哲學傳統於今不再能提供人們政治生活的指引與判斷標準乃因與現實脫節，且自始不是根植於經驗，是貫穿《政治的承諾》前五

章的核心議題，而第一章〈蘇格拉底〉是鄂蘭的核心論述之所在。根據她的理解，西方政治哲學肇始於蘇格拉底在廣場上的對話，但作為一個思想傳統的起源，則是民主雅典審判蘇格拉底之後，受創的柏拉圖之反思，《理想國》提出的「哲君」（philosopher-king）方案旨在透過抑制政治來維護哲學思辨的存在，以及哲人的生命安全。

事實上，〈蘇格拉底〉一文的前身曾以〈哲學與政治〉為題，載於一九九〇年的《社會研究》（*Social Research*）期刊，更為聚焦於「哲學」與「政治」在活動的內涵、屬性、動機、目的以及預期成果等方面的差異甚至對立，涉及底下一連串事物之二分，例如：沉思與對話，邏輯推演與修辭說服，客觀的抽象「真理」（epistemé）與主觀的具體「意見」（doxa）——前者是哲學，後者則關乎政治。

本書收錄的文章則略為將重點置於鄂蘭與柏拉圖分別對於蘇格拉底的不同理解，並藉此引出兩種「政治哲學」想像：「一是從源自人類事務經驗的範疇來詮釋哲學經驗，另一種正相反，主張哲學經驗優先，並以此來判斷所有的政治現象」（本書，頁八五）——前者以鄂蘭的「公民」蘇格拉底為代表，致力於幫助對話者釐清他們自己意見，而柏拉圖的「哲人」蘇格拉底則代表後者，致力於追求所有人必須接受的抽象真理。

以《理想國》的「洞穴寓言」來說明，柏拉圖的蘇格拉底猶如一位洞穴外回來的人，他曾是被綁在一堵矮牆前面，靠著猜牆上影子形象取樂的奴隸，掙脫開手銬與腳鐐之後，一路向上走出洞穴的過程中看過了牆後的火炬，明白之前所見的一切不過是物體映在穴壁上的形象，走出洞穴之後更是看到了陽光底下一切五顏六色的世界。因為放不下過去的奴隸夥伴，所以他回到洞穴，試圖說服他們也離開洞穴，但卻被要求玩猜影子的遊戲來確認身分以及是否正常，最後慘遭殺身之禍。

這樣一位歷經反思（看到牆後）和啟蒙（走出洞穴）的哲人，勢必也經歷了兩種與世界對立的感受：（一）遭遇真相的當下，頃刻間驚訝到不能言語，天地只剩一人的孤獨；（二）回神之後試圖向其他人表達自身經驗，卻因語言表述不足以乘載，甚至雙方之間不存在「共享的知覺感觀基礎」（common sense）所以產生的那種與城邦徹底疏離的體驗。

柏拉圖的政治哲學於是預設了哲學家與其他人的根本區別，以及不能溝通，因此哲君必須藉由「高貴假話」（noble lies）（每個人身上都有一塊金屬，是金、銀或銅、鐵決定了自己的身分）來治理城邦，使每個人各安其位。

對鄂蘭而言，此一設想不但取消了城邦底下公民得以自由、平等地就「關乎眾人事務與命運」爭辯的「公領域」生活，從此讓「政治」淪為原先只存在於「私領域」（家庭內主人與奴隸之關係）的上對下之「統治」（ruling）關係，成為一人的「管理眾人之事」。與此同時，作為政治基礎的「人類複數性」（human plurality）——包括人與人的「平等」（equality）及以此為條件才能展現於彼此之間的「殊異」（distinctness）——也一併被取消，沈思性的哲學從此取代了本質上屬於積極活動的政治。如此的理想國，不過是一種「真理的專制」（tyranny of truth）。

相對於柏拉圖筆下手中握有「單一真理」的哲人，鄂蘭眼中的蘇格拉底是手上僅握有「意見」的一介公民。他進入廣場與人對話，不僅真誠地想理解別人的想法，同時也藉此檢視自己的理念。採取的交相詰問方式，是為了讓彼此的主張能夠達到概念一致、邏輯連貫，或說「接生」那些蘊藏於眾人意見之中的「多重真理」（many truths）。這才是鄂蘭所認為，真正值得捍衛並傳遞下去的政治哲學之身體力行。柏拉圖忽略了深具政治意涵的哲學實踐，讓政治成了一種統治「手段」。鄂蘭則把人與人的意見交流看作一種集體的哲學思辨，本質上極具政治性，參與的本身就是「目的」。

五、歷史中不斷變形的政治哲學傳統

至此，我們才能理解鄂蘭為何以「政治理論家」自居，並嚴厲否認「哲學家」這種稱呼。「哲學」一詞她特地留給那些從不正視政治經驗的思想家。本書收錄的第二章〈政治思想的傳統〉、第四章〈從黑格爾到馬克思〉以及第五章〈傳統的終結〉，旨在分析柏拉圖開啟的政治哲學傳統對後世的影響。

值得一提的是，根據鄂蘭的分析，雖然馬克思駁斥了柏拉圖的哲君方案，並認為此舉不過是讓世界淪為哲學的附庸，世人受哲人統治，他同時也翻轉了「理念」與「行動」的位階，否認前者可以指引後者，然而他提出「歷史的法則」的方式卻像極了洞穴外回來、試圖重建世界秩序的哲人。

換言之，當馬克思高呼人人可當哲學家的時候，指的是所有人都應該掌握他本人所指出的唯一真理，而非蘇格拉底所在意的，世界向每一個人所展現的不同樣貌。另一方面，他終究是默認了柏拉圖傳統的統治概念，即使他的統治概念不局限於個人與個人之間，而是延伸至法律與市場，「統治者」與「被統治者」的對立無疑是他的歷史詮釋之根本預設。此外，階級鬥爭不外是為了壓倒對方，階級革命實則只留下單一階級的世界觀，而這也等同事先預設了他人意見之中蘊藏另一個面向的真理。

至於馬克思提出的「無階級社會」，雖然消弭人類所有不平等的動機十分高貴，但鄂蘭也指出，此舉將會讓人與人之間的殊異性，也就是作為政治基礎的「人類複數性」連帶被徹底摧毀。是故，馬克思的政治願景仍然以取消政治為目的；以鄂蘭的話來說，柏拉圖開創的政治哲學傳統在馬克思那裡「找到了自己的終點」！

其實，鄂蘭筆下的柏拉圖政治哲學傳統，不僅像是一隻吃掉自己的貪食蛇，也像一隻變形蟲，且不斷附身於政治權威的每一次歷史轉折之中。進一步解釋，鄂蘭所理解的「政治權威」典型，是宗教、權威、傳統三者融為一爐的「政治性三位一體」，其最完美的體現可見於立基督教為國教的羅馬帝國，而且她如此地指認出其中的柏拉圖的政治哲學傳統元素：

> 過往，如果作為傳統而留下來，就有其權威；權威，如果作為歷史而流傳下來，就變成傳統；而如果傳統沒有以柏拉圖的精神宣稱「上帝（而不是人）乃一切事物的衡準」，那就是獨斷專制而不是權威。（本書，頁一三四）

出自於〈從黑格爾到馬克思〉的這一段話，原是鄂蘭藉以說明馬克思之所以可以挪用黑格爾的辯證法，是因為後者並不具有以宗教為基礎的權威，亦即缺乏真正的強制力，所以才會被馬克思擷取了部分元素來使用。

換言之，唯有以宗教作為後盾的傳統才具有權威，否則傳統將淪為有心人士任意挪用的政治資源。銅板的另一面則是：宗教式微之後其實政治權威也難以建立——至少，政治性三位一體少掉了宗教之後，若無新事物可填補其缺口，或提供宗教般的功能，將不再具備真正的權威。這是掌握鄂蘭對二戰之後人類的處境感到悲觀的理由。對她來說，過去基督教所支撐起的那一種權威不復存在，也不會再現。

當然，就歷史發展而言，基督教的權威本身也具備柏拉圖哲學元素，畢竟其神學濫觴於奧古斯丁藉新柏拉圖主義（Neoplatonism）來解讀《聖經》的結果。而羅馬帝國也確實因為立基督教為國教，讓「上帝」取代了原本祭祀的家神，政治權威才真正遍及整個帝國，且深入了所有人的生活領域。隨著天主教教會的鞏固壯大，羅馬帝國也曾出現過皇帝握有「實權」（power），但權威則座落於教廷的「兩國」格局，甚至，宗教的勢力一度直接影響了世俗政治。不過，新教改革（Protestant Reformation）挑戰了傳統之後，三位一體產生了裂縫，最後更是在新教的「信徒皆祭司」的口號底下，呈現了徹底的分裂，人們再也沒有完整、具有權威的傳統可以依循。

隨後的科學革命進一步撼動了傳統。工業革命興起，資本主義來臨之後，工具理性與互惠邏輯更加侵蝕了傳統權威，直到馬克思主義填補了宗教遺缺，之後一切就只是歷史了。

六、歷史灰燼底下採珍珠的政治理論家

之所以說只是歷史，是因為——正如本文開頭的引言所暗示—在一個傳統斷裂、權威不再的時代，過往成不了傳說，因此缺乏權威，成不了可以提供判準、指引未來方向的傳統——不過就是一連串與我們無關的往事。

然而，鄂蘭也告訴我們，班雅明以一種新的方法來處理過去，來因應這樣的一個時代。而這方法是「撿拾思想碎片」，其另一個饒富意象的說法則是：

> 有如潛入海底的採珠人，不在海床上開挖，而是在深處撬開珍異之處，從深處將珍珠與珊瑚取回海面。這種思維方式深入過去裡面，但為的不是讓那個過去起死回生，而是為了讓逝去的年代有機會獲得新生。（《黑暗時代群像》，頁二一六）

姑且不論班雅明本人採了什麼珍珠回來，鄂蘭對後極權時代的具體回應是從歷史的灰燼之中取回了三顆珍珠，它們分別是：

古希臘前城邦時期，啟動新事業的行動經驗；羅馬建城立基的經驗；以及基督教行動與寬恕相連的經驗，也就是了解到行動的人必然隨時準備寬恕，而寬恕的

人其實是在行動。(本書,頁一二〇—一二一)

《人的條件》亦曾就上述三種歷史上實際發生過的政治經驗作過闡釋,然而本書則特別針對柏拉圖政治哲學傳統對於他們的忽略。事實上,本書花最多篇幅敘述的是羅馬建城的例子,散落於各章之中,其要旨為:曾經四處尋求新地建立城邦的古希臘人忘了自己的殖民經驗,但古羅馬人卻記得自己的建城歷史,不過,在缺乏自己的政治哲學之下,他們一方面採取了源自於柏拉圖的統治概念,把私領域內的主僕關係,帶入了作為公領域的政治,從而建立了一種家父長制的政體,另一方面則又因為納入了自己文化的元素,讓家神升格成了城邦共同的守護神,「開城立基」的經驗最終被神聖化為旨在建立一座「永恆之城」的歷史開端——換言之,建城是為了不再建城。

鄂蘭認為,因為開城立基的經驗未被概念化,古羅馬錯過了建立根植於自己經驗的「政治傳統」的契機,甚至在忘了曾與「他者」共存共生的集體失憶底下,歷史被書寫成單一族群的豐功偉業,成了傳說,而傳說最後成了神話。然而,後人再次開城立基的能動性卻也從此被剝奪。

當然,指出歷史契機的錯失,並非鄂蘭寫作的真正目的。相反,她一方面試圖揭露失根的政治哲學傳統之弊病,作為關於人類處境的診斷與病理報告,一方面則藉此讓我們「憶起」身為人的我們與生俱來擁有開創啟新的能力，而作為一個社群時這種共同行動的政治潛力則由人類複數性所保障。

「人類複數性」是鄂蘭一再提及的概念。在本書第三章〈孟德斯鳩對傳統的改寫〉一文當中，這位法國思想家在西方政治思想籠罩於柏拉圖的傳統底下，發現了「平等」與「殊異」乃共和體制和君主體制的兩個構成元素，而專制政體不僅破壞了人類的複數性，也意圖摧毀人的「共同存在」(togetherness)。值得注意的是，鄂蘭進一步將上述兩個元素稱為「行動原則」(principles of action)。前文提及，「原則」一詞在她的書寫之中指涉的是本體論層次，而非認知上或規範性的層次——換言之，即使人們並未意識到這兩個原則的存在，它們仍然是構成政治體的基礎。

無論如何，鄂蘭所謂的兩個行動原則具有底下三個關乎人的本體論意涵：(一)人作為一個社群成員，唯有在平等之中才能呈現出彼此間的絕對性差異，而平等與殊異的消失則意味著人將無從展現之所以為人的根本屬性，甚至(二)作為一個社群整體的政治條件也不復存在，換言之，政治一事的本體(形而上)基礎乃維繫於平等與殊異之上；不僅如此，(三)複數性其實也存在一個人的內在，以自我對話的方式展現，其消失不僅意味著思考的匱乏，同時也等同良心被擱置——這正是鄂蘭對蘇格拉底所說「寧與世人不合，也不願同自身傾軋」的根本理解(本書，頁七五)。

理解至此，我們或許也將能對底下這個問題有了初步的判斷依據：鄂蘭是否為「共和主義」（republicanism）理論家？

七、結語

首先，鄂蘭真正在意的是複數性的多重層次，不是政治體制。如果共和主義意味著一種特定的系統性的政治理論，其推論乃基於特定的原則，然後以邏輯推演的方式逐步建構成一個概念體系，那麼，鄂蘭不是一個共和主義者，畢竟，她明確反對這種源於柏拉圖傳統的系統性政治哲學。是故，我們不該在鄂蘭的身上尋找她所反對的柏拉圖，更何況，以「政治理論家」自居的她也在〈政治思想的傳統〉一文明確指出，「理論」的英文字根「theôrein」意思是「觀看」（本書，頁一一六）。倘若鄂蘭所言屬實，或說她的方法論與實踐一致，她的政治理論工作應當如同她筆下的「公民」蘇格拉底在廣場上的作為，旨在真誠地呈現世界向她顯示的真實樣貌，並試圖讓其他人也看到她的眼睛所見。

承上，個人負責任地呈現自己所見、所真實感受，本身也就是一種對話的邀請，極具政治意義的個人行動，也是鄂蘭最在意的公共參與。此一想法與同樣強調政治參與的古典共和主義有另一個關鍵差異：相較於共和主義向來預設一個具實質內涵的「共善」(common good)，例如某個價值或特定生活方式的共同實踐，鄂蘭高舉蘇格拉底藉由對話來接生蘊藏於眾人意見當中的真理，並不預設上述的共善。抑或，如果鄂蘭的思想存在一個功能上類似共善的概念，那應當就是「彼此真誠分享世界向自己呈現的一面」。這種預設了多重真理或事件具多重面向的想法，其實也符合鄂蘭在《康德政治哲學講稿》當中強調的「擴大心智」(enlarged mentality)概念，亦即她認為康德哲學最具政治意涵的部分。不過，其實踐方式肯定有別於任何主張實質共善內涵的古典共和主義。

或許，鄂蘭另一個類似康德之處值得一提。後者在《論永久和平》一文中提及「每一個國家的公民憲法都應當是共和制（Republican）」，然而他進一步對「共和國」的描述卻是：一個哲學家盡可能高談闊論、勾勒理想願景，並針砭時事，而君主則在旁側聽的國度。有別於柏拉圖的理想國，但哲學與哲人亦可同時存在，且與君主在某程度上分工合作。作為二十世紀公共知識分子代表之一的鄂蘭，絕對符合上述這種意義上的共和國哲人。換言之，她是以承擔了知識份子在公領域的角色，來體現康德式共和主義。

無論如何，二戰過後的鄂蘭致力於尋求後極權時代的政治出路，而她所指出的方向，不只可見於她對時代的診斷與處方，也在她倡議的政治理論之方法與實踐。不同於關注抽象世界的學院派哲人，鄂蘭將目光放在現實政治，如同蘇格拉底般勇敢無懼地與人對話，從而履行了她自己所主張——人之所以為人的根本「責任」。

導言

Introduction

傑若米・柯恩

Jerome Kohn，紐約社會研究新學院漢娜鄂蘭研究中心主任

漢娜・鄂蘭不應人之請而寫書，甚至也不應自己之命。本書的內容就是很好的證明。這部書主要來自鄂蘭在一九五〇年代所計畫撰寫的兩本書，寫作計畫相當詳盡，但後來她放棄了。第一個寫作計畫緊接著一九五一年出版的《極權主義的起源》，原本要題名《馬克思主義中的極權主義元素》，其中指出鄂蘭在《極權主義》一書沒有討論到的問題。一九五〇年代早期，鄂蘭準備了大量的素材——課堂講稿、文章、演講稿，以及思想日誌的條目，所處理的不只有馬克思，也逐漸觸及馬克思在政治和哲學思想偉大傳統中的核心地位。我認為她的主要洞見在於，當馬克思思想回歸到傳統的源頭時，這傳統就完滿了，但同時它的權威也動搖了。對鄂蘭而言這有兩個完全不同的意義：其一，這是馬克思可以用來說明極權主義意識形態特徵的原因；其次，它也將鄂蘭自己的思考從傳統中解

放，這傳統是第一個寫作計畫真正的存在理由（raison d'être）。[1]

關於第二本書，鄂蘭計畫以德文寫作，這想法出現在她於一九五五年到巴賽爾造訪其亦師亦友的雅斯培之時。文章題目原為〈導入政治〉，德文為*Einführung in die Politik*，英文Introduction *into* Politics。[2]這樣的書名絕非指涉對政治科學或政治理論研究的介紹，而是**引導進入**真正的政治經驗。[3]這些經驗最重要在於行動（action），鄂蘭在此稱其為「陳腐」的字眼，其用法往往反而遮蔽了她所意圖揭顯的東西。鄂蘭所謂的行動，包括和同儕一起以言說和行動進行冒險，開啟未能預知結果的新事物，創建政治領域（res publica或共和國），承諾並寬恕他人——鄂蘭對所謂的行動所做的分析，在這些書寫中扮演了最重要的角色。這些行動無一可以單獨成之，往往只由複數的人一起進行；複數之人，鄂蘭指的是彼此有絕對差異的人。複數的男女眾人有時結合起來在政治領域行動，並成功改變在他們中間產生的世界，雖然這並不常有。但思想家在其孤獨活動中是與世界脫離的，將**人**（man）視為單數，或者將**人**（men）視為倍數累積的單一獨特物種，兩者基本上幾乎是一樣的；而且思想家忽略政治自由的經驗，或像馬克思一樣誤解這經驗，鄂蘭則視政治經驗為行動的最大潛能所在。因此，鄂蘭逐漸認識到，行動大抵上並不存在於這些思想家傳承下來的既定的政治與哲學思想傳統裡。在這意義上，她第二本計畫撰寫的書是第一本的延續。

傳統的歷史源頭、發展和登峰，在本書前半部有所討論，後半部開頭則提到傳統對於政治的普遍偏見，以及特別針對政治行動的偏見。應該注意的是，將本書前後兩部接軌的這些偏見和預判，鄂蘭都嚴肅加以看待，認為它們是源自於真正的哲學經驗。再者，現代世界[4]擁有史無前例的毀滅工具，埋伏於行動之不可預測性當中的危險，從來沒有比現在更大，更具燃眉之急。為了和平和生命之故，完全擺脫政治及政治行動，代之以純粹「事務的治理」，不是會比較好嗎？馬克思就預見了，無產階級革命的最終結果就是純粹「事務的治理」。或者相反的，那會不會就如同把嬰孩從洗澡水裡扔出去？在本書〈導*入*政治〉的後段，鄂蘭透過澄清政治經驗的*意義*，幫助我

1 本書前半部的來源包括了〈馬克思與西方政治思想傳統〉，一九五三年對普林斯頓大學和高等研究學院教師的兩個系列六次講課；一九五三年在德國電台的廣播演說〈從黑格爾到馬克思〉；一九五四年在聖母大學的三次講課〈哲學與政治：法國大革命後行動與思想的問題〉；以及兩冊由魯茲和諾德曼編輯的《思想日誌：一九五〇－一九七三》（*Denktagbuch 1950 bis 1973*, Munich: Papier Verlag, 2002），從中選出當時所寫的一些條目。

2 鄂蘭自己為第二本書如此以英文命名，不過斜體是編者為了清楚強調而加上去的。

3 第二本書原意是要補充雅斯培那本廣為流傳的著作《導入哲學》（*Einfuhrung in die Philosophie*, 1950），該書引導讀者進入傳遞溝通哲學思想的經驗；除了康德，這件事並沒有出現在許多現代哲學家的要務清單上。

4 對鄂蘭而言，現代之意從「第一次原爆」開始。見《人的條件》（*The Human Condition*, Chicago: University of Chicago Press, 1958, p. 6. 中文版：林宏濤譯，商周出版，二〇一六。）

們回答這些問題。如果人類的勇氣、尊嚴和自由是該意義不可或缺的部分，那麼可能可以說，我們應該擺脫不受控制的不是政治本身，而是政治的偏見和預判。然而在這麼多世紀之後，這種自由或許只能透過重新對世界所呈現的每一種新的行動可能性做判斷而獲得。但要以什麼做標準？這難題帶領讀者接近鄂蘭政治思想的核心。

讓我們設想一下傳統的判斷標準不再和現實相符的時代，不論那判斷標準是上帝口中發出的道德誡令，或從不變的自然律所衍生的倫理原則，抑或通過普遍理性檢驗的實踐公理。在判斷與現實不相對應的時代，人們或許不會否定標準的正確性，但這些判斷標準在人的眼中會變成無用，無法規範生活實際狀況中人所應為之事。[5]我們知道，在極權主義統治之下，人們背叛家人，殺害鄰人，不只是服從主子的命令，更是符合統御人類社會不可避免之「進步」意識形態律則。說這些人不靠判斷而行動，也許是正確的說法，但重點在於，和那些較高的運動法則相對照，對家人的奉獻或對鄰人之愛顯得如同一種偏見。鄂蘭認識到，所有規則，不論善惡，不論源頭，如果意圖由外在支配人類行動，都是無關政治或反政治的。她對政治評價之深刻，可以從以下這個論點看出，也就是：鄂蘭認為唯一真正具有可依賴性的判斷標準，絕非由上而下給予的，而是由人類的複數性所產生，人類複數性就是那政治的條件。政治判斷不取決於知識、偽知識或玄想。它不忽視風險，而是肯定人類自由以及自由人彼此分享的世界。或說，它在共同世界中建立人類自由的**現實**。進行政治判斷的這種心理活動，體現了鄂蘭對於古早已來切割兩種生活方式的回應，即思考的生活和行動的生活，也就是哲學和政治。我們的政治思想傳統由此開始，我們的政治偏見和預判也都還是根植於這兩者的分割。思想與行動二分的體會是鄂蘭思想的特徵，現代思想家當中沒有人像她這樣地體會，雖然這兩本她在一九五〇年代計畫寫作的書，沒有一本叫做《政治的承諾》，但她對於人類判斷能力的強調，卻使得這個題目非常適合這裡所選的、她預備寫作的題材，而即使當寫作計畫被擱置的時候，她也沒有銷毀這些書寫。

《極權主義的起源》出版後的幾個月內，鄂蘭向古根漢基金會（John Simon Guggenheim Foundation）提出一個寫作計畫，其內容值得我們於此再度檢視。計畫書開頭便指出《極權主義的起源》一書有「嚴重的缺口」，即對於布爾什維克意識形態的「背景」缺乏充分的歷史和概念分析，她接著說「這個**遺漏**是刻意的」。她不想稀釋「極權主義駭人的原創性，事實上，極權主義統治的意識形態和方法都是前所未見，而其原由使得用一般歷史詞彙做恰當解釋變得不可能。」但是如果她把「背後具有的唯一元素視為值

5 這問題在〈若干道德哲學問題〉有詳盡的討論，見鄂蘭《責任與判斷》（*Responsibility and Judgment*, ed. J. Kohn, New York: Schocken Books, 2003, pp. 49–146. 中文版：蔡佩君譯，左岸文化，二〇一六，頁一〇七－二一五）。

得尊敬的傳統」，她就很可能會稀釋了極權主義那史無前例的駭人原創性，那元素便是馬克思主義；而如果要對馬克思主義進行批判性的討論，就必須批判西方政治哲學的幾個主要信條。鄂蘭在《極權主義的起源》處理的元素是超越政治邊界的反閃主義、帝國主義、種族主義和國族主義，這些都是「西方歷史的潛流」，沒有一個和「西方的偉大政治與哲學傳統有任何關係」。它們「只有在歐洲國家的傳統社會和政治架構崩潰後」才出現。但現在，在思考馬克思主義的時候，她要提供「被共同接受的政治思想範疇」和不平常的「現狀」[6]之間「那遺漏的環節」。

最後這句話代表鄂蘭思想中一個深具意義的移轉，從史無前例的極權主義元素移轉到二次世界大戰影響下的世界。沒有理由懷疑，鄂蘭在撰寫《極權主義》一書的時候，心裡就已經想到她後來所提的這個部分，並且因為她所陳述的這個理由而刻意在前書中略而不談。確實，該書第二版和以後的所有版本中，結論篇章的開頭部分，[7]這移轉被清楚指出來：「只有當極權主義成為陳跡時，我們這時代的真正困境才會顯現其真正形式——儘管不一定是最殘酷的形式。」**我們**這世界的「困境」的**真正形式**，正是鄂蘭在其計畫寫作的關於馬克思主義的書中所要處理的。然而，這不是說她處理新題材的方式不像《極權主義》一書那麼非正統。在《極權主義》一書中，她不用因果當做歷史解釋的範疇，而以在新統治形式中**結晶化**的「潛伏」元素取代，又從文獻當中取得意象去說明那些元素，這種做法讓歷史學家、社會學和政治學者以及哲學家同感惱怒。但是，如果她要揭露那未知、而在傳統中也無法得知的邪惡，就不得不脫離傳統範疇而思考，就像她說的，「在柵欄外」(ohne Geländer) 思考；而如果她要重新體驗那最終突然凝結、並加速爆炸的隱藏元素，她就不得不運用想像的能力，而那場爆炸如果沒有被阻擋下來，就可能造成人類複數性和人類世界的毀滅。雖然前所未見，極權主義宰制的可怕卻不是「從月球引進」，無中生有，鄂蘭在一九五〇年代不只一次用這個詞。[8]

鄂蘭在航向她行將探索的主題時，她的理解同樣非正統，但在某個重要面向卻有

6 這「現狀」就是指冷戰。有趣的是剛好三百年前，在一六五一年，另外一本打破傳統的爭議性政治思想鉅作誕生，即霍布斯的《利維坦》，這本書也是在政治動亂的年代出版。(鄂蘭的書寫提案附在她存於國會圖書館的報告裡。)

7 此章名為〈意識形態與恐怖：一種新的政府形式〉，寫於一九五三年，鄂蘭還曾經想把這一章用在關於馬克思主義的書中。(見她給古根漢基金會莫伊〔H.A.Moe〕先生一九五三年一月二十九日的信中，存於國會圖書館。) 秀肯出版社《極權主義》一書的二〇〇四年版本，是現存版本中最完整而可讀者，收錄鄂蘭原本的〈終論〉(Concluding Remarks) 以及較後來的篇章。以下的引文可見頁四六〇。

8 鄂蘭，《論理解：一九三〇–一九五四》(*Essays in Understanding, 1930-1954*, ed. J. Kohn, New York: Schocken Books, 2005, pp. 310, 404)。

所不同。鄂蘭回到馬克思主義作為布爾什維克意識形態的「背景」，當然不表示是馬克思主義造成了布爾什維克主義。但她結晶化的觀念不再行得通，因為馬克思主義絕對無法被視為是「潛流」。在鄂蘭的看法裡，布爾什維克獨裁者列寧，特別是史達林，以馬克思之名所犯下之罪，無一可以在馬克思思想中找到辯解的理由。相反的，正是馬克思在西方政治思想主流中的獨特地位使得鄂蘭能夠對這個傳統加以判斷，而她也這麼做了；她的做法是敘述那些傳承這個傳統的人的故事，敘述那些根據此傳統而立足、或努力嘗試以此立足者的故事。雖然有自我重複的危險，還是必要強調，鄂蘭的重點不是說極權主義直接產生自傳統或馬克思思想，而是就像她（在給前面提到的莫伊先生的信中）所說，傳統在馬克思那裡「找到了自己的終點」，可以想像如同一條蜷曲的蛇，終於將自己吞噬。馬克思破解那傳統的權威，至多不過是構成布爾什維克極權主義的一項負面條件。在後極權主義的世界裡，那傳統或權威都不可能恢復，此件事對鄂蘭來說是確定的。

鄂蘭為了有關馬克思的著作所準備的手稿數量極豐，本書所印出的只有一小部分，並且經過編訂，偶有拼接之處。在數百頁現存文稿中，鄂蘭討論馬克思的取向自有特殊之處，有時強調其思想中非科學的特性，雖然馬克思對於社會科學有著巨大但經常未被人承認的影響。有時則強調她稱之為某種「清楚可證之陳述」（apodictic statement）的東西，這種陳述在馬克思作品經常出現，也比任何系統更能揭露其政治哲學，**並且**解釋他為什麼棄哲學而就經濟學、歷史和政治。有時她強調對馬克思常見的誤解，特別是保守派批評家，區別馬克思主義和馬克思自己在其時代政治中的角色，也區別馬克思主義以及他對於全世界勞動階級和勞工運動的影響。有時候，她將馬克思在蘇聯的「聖化」視為柏拉圖式哲王的化身。我希望、也努力從這些不同甚至不相容的取徑中，整理出一本前後連貫的書，這樣的企圖變得似乎愈來愈枉然。手稿長篇累牘，充滿我們可以預期出現在鄂蘭書寫中的那種洞見，但我覺得這些手稿實難結合成一個整體。因此當我讀到鄂蘭在幾乎要放棄的當下所寫的文字時，真覺如釋重負：她在一九五四年五月八日給海德格的信中，談到她對於馬克思和傳統所做的辛苦努力時，說：「我沒辦法使之變得具體，又不會顯得沒完沒了。」[9]

這有點奇怪，因為通常鄂蘭讓一個主題變得「具體」而真實的方法，就是從各種角度去觀看它。這部分有可能是因為她愈是認識馬克思，就愈不喜歡他。一九五〇年末，鄂蘭首次開始思考馬克思時，寫信給雅斯培說，她想「拯救馬克思在你眼中的聲

9《鄂蘭和海德格通信集：一九二五－一九七五書信》（*Letters, 1925–1975 / Hannah Arendt and Martin Heidegger*, ed. U. Ludz, trans. A. Shields, New York: Harcourt, 2004, p. 121）。

譽」。當時鄂蘭形容馬克思是「被正義的熱情掐住脖子」的人。兩年半之後，一九五三年，鄂蘭正全力投入寫作，她再度針對馬克思寫信給雅斯培，這次她說：「我讀愈多馬克思，就愈覺得你是對的。他對自由或正義並沒有興趣。（而且他是個很討厭的傢伙。）」[10]馬克思從一個被正義感掐住脖子的人，變成讓她覺得討厭的人。但那時候她關心的比較不是馬克思本人，而是他所切斷的那個傳統；她也不再想著「馬克思主義中的極權主義元素」這樣題目的作品，而是「馬克思與西方政治思想傳統」，鄂蘭向雅斯培透露對馬克思幻滅的同一年，用了這個題目當做講課的題目。馬克思隨著齊克果和尼采，也反叛了傳統的思想模式，但在鄂蘭的眼中，他們三人都沒能從那些傳統模式中解脫。她自己的解脫則源自極權主義的出現，而極權主義和他們所意圖或預見的東西都不一樣；雖然從傳統解脫本身並不是一種思考政治的新方式，但那卻是必須的。我認為這是鄂蘭不再繼續進行那件「沒完沒了」的計畫，而轉向其他寫作計畫的原因，包括寫作〈導入政治〉一文。

當然也要注意，馬克思將所有人類活動化約為勞動的必需，這做法刺激了鄂蘭，她在《人的條件》一書中指出勞動（labor）和工作（work）以及行動（action）的不同之處；工作是建造世界的活動，而行動是人類開創新事物的能力。這本書也以明顯篇幅討論馬克思將勞動和工作合併的做法，這導致馬克思的一個觀念，即從一種辯證法的藍圖中創造歷史——而那對鄂蘭而言意味著犧牲行動和自由。一九五三年的講課有一個題目就叫〈傳統與現代〉，是《過去與未來之間》的第一篇論文，而鄂蘭又在《論革命》以及其他出版的著作裡對這些文章中提出的眾多思路詳加析論。一九七八年鄂蘭死後出版的《心智生命》，是她最後一本未完成的鉅著，其中以哲學角度深刻檢視了思想和行動之區別的複雜性，這也是傳統核心的問題所在，但在這本書中馬克思確實很少出現，如果有大多也是負面的。

雖然如此，本書的出版者和編輯決定不要強為解人，不企圖從鄂蘭的手稿中根據若完成後的可能樣貌，重新建構出鄂蘭論馬克思的書，不論以什麼書名出版。若是如此，由於上述緣故，此書的編纂似乎是白忙一場；此外，最後的樣貌也不可能預先設想，因為即便鄂蘭為了出版之故著手整理提綱內容，工作進行過程中她總還會大刀闊斧修改大綱、寫作計畫和初步的書寫成果。編者決定從手稿中擷取先前未出版的素材，這些素材在時間和內容上都要早於〈導入政治〉一文而能體現其思想發展，並且讓鄂蘭的文字自己說話。

10《鄂蘭／雅斯培通信集：一九二六－一九六九》(*Hannah Arendt / Karl Jaspers Correspondence, 1926–1969*, ed. L. Kohler and H. Saner, trans. R. and R. Kimber, New York: Harcourt Brace Jovanovich, 1992, pp. 160, 216)。

在處理收於〈導入政治〉這個題目底下的素材時，編者的工作變得很簡單。這些文字在一九九三年以德文出版，由魯茲編訂的德文版[11]相當出色，本書收錄的內容是根據這個版本。前半部關於政治偏見或預判，以及政治判斷，寫作時間在一九五六到五七年，後半部關於政治的意義、戰爭的問題，以及核武毀滅，是一九五八到五九年的寫作。雖然寫作計畫本身在一九六〇年代就因為種種不測之因而放棄，但鄂蘭在一九六三年於芝加哥大學的一堂課仍沿用這個名稱。更重要的是，在打算放棄之前，鄂蘭還想到要將〈導入政治〉發展成一部巨大的、有系統的政治著作，這種著作在她的全部作品中不曾存在過。鄂蘭原本打算寫一本小書，但在一九五九年寫給她在德國的出版者派培信中說這本書可能會變成兩冊。第一冊後來成為《論革命》，第二冊的內容才是「導」論。但不過八個月之後，鄂蘭去信給洛克斐勒基金會要求贊助該書的英文版，而這英文版會納入馬克思書計畫的部分。她在信中特別將新書計畫和前一年出版的《人的條件》相比較。她說《人的條件》「其實有點像我現在要寫的這本書的序言」，又說這本新書「會從前書結束的地方延續下去」，並且「會只集中在行動和思想。」[12]

「首先」，鄂蘭說她會對「政治思考的傳統概念和概念架構」提供批判性的陳述，其中會包含「手段和目的」、「權威」、「政府」、「權力」、「法律」和「戰爭」。她提出剛發表的文章〈權威曾是甚麼？〉作為新書的模型，在該篇文章中，鄂蘭的論點是政治權威在現代世界已經成為過去，不但如此，政治權威還是一種完全不同於所謂威權政體所以為的東西，威權政體是在政治權威成為過去之後才出現，威權政體的出現也正標示著權威的消逝。

「其次」，她會檢視「我們以政治一詞適當地加以形容的那些世界和人類生活領域。」在考量行動和政治領域的時候，她將「關心各種人類複數性的模式，以及與之相應的體制。」她會再度提出「統治形式的老問題，其原則及其行動模式。」最後她會討論「兩種」複數人類可以共存的「基本模式」，在這兩種模式中人們平起平坐，「行動便從平等之人當中產生」；而在這模式中，人又可以「和自我同在，那是思考活動所對應的狀態。」因此這本書的結論會是對於「行動和思考、或政治和哲學之間的關係」的考察。但鄂蘭不再打算寫成兩冊；相反，這兩部分要「編織在一起，讀者幾乎不會察覺其中的雙重目的。」

在這最後的描述中，〈導入政治〉似乎發展成一個巨大的計畫，似乎只可能在《心

11 鄂蘭，《何謂政治？》（*Was ist Politik?*, ed. U. Ludz, Munich: Papier Verlag, 1933, pp. 9-133）。

12 參考前書，頁一九七－二〇一。

智生命》中完成——也可能連那本書也無法加以完成，因為鄂蘭在寫完最後關於判斷的部分之前就過世了。這計畫勾勒鄂蘭在《極權主義》一書之後的整個思想軌跡：從政治思想傳統的發源到終結；到政治除了那傳統之外曾是什麼，而現在又是什麼；到行動生命和心智生命的關係（而非僅是分裂）。鄂蘭寫作〈導入政治〉的工作被兩件事情打斷；一是她決定將其中一部分變成「政治思想的練習」，並構成《過去與未來之間》一書以及《論革命》的大半部分；另一件事情則是她在一九六一年出席艾希曼在耶路撒冷接受的審判而見識到無思想性如猴戲般的倒錯演出。她在《艾希曼在耶路撒冷》中大篇幅討論那種不思考的極度無意義，這主題也占據了她後來所寫、而現在收在《責任與判斷》一書中的文章；而對此的思考又擴大並深化鄂蘭對於複數性在心智的思考、意志、判斷活動中的意義之研究。她對於政治的熱情投入，隱含在她對〈導入政治〉一文最後的計畫中，而《政治的承諾》的讀者會感受到那種熱情：鄂蘭對於政治思想傳統以及這傳統用以理解政治之概念和範疇的解析，和她對於人類行動的善變難料與自由性的多面陳述，「編織在一起」。

常有人說漢娜．鄂蘭是個「難懂」的思想家，但如果這話是真確的，那不是因為她的思想深奧晦澀，而是因為她企圖理解的東西原本就很困難。她是少數把理解的過程當做一種熱情去體驗的人，這在這些書寫中和她對於政治的熱情信仰是平行的。還在童稚之年，鄂蘭就嘗試去認識哲學，[13]但成年時，這個被迫離開她所生長的德國、被剝奪國籍和權利的猶太人，視野開始朝著人類事務的**脆弱性**而展開。她經常說，由於人類事務任其發展，變得無法控制，因此自柏拉圖以降的哲學家都很少把它們當一回事；她在這本書中更強調這個說法。這不是說鄂蘭不再閱讀哲學或不再思考，而是說，她此後要嘗試理解的東西——即脆弱的人類事務和人類自由的關係——她必須自己去發現。這不只是從政治上確立自由社會中的權利的問題，也完全不是要建立政治條件，如同哲學家以各種方式界定自由。鄂蘭所體會到的眾多困難問題之一是，她曾經一再求諸而取得靈感的偉大思想家，從柏拉圖、亞里斯多德到尼采和海德格，都沒能了解，人類自由的許諾，不論是真誠地或虛偽地被提出來作為政治的最終目的，都必須透過複數的人類去**實現**，也就是唯有當人們能夠在政治上採取行動時才能實現。鄂蘭承認她自己對於人類複數性的理解很多是得益於康德，但即使康德也沒有看到，或者沒有表述出，人類複數性在政治面等同於自由。

鄂蘭思想「難懂」的關鍵，常常被一種更微妙的方式所忽略，我認為就在於將難

13《論理解：一九三〇－一九五四》，頁八。

懂歸諸於她心智的複雜。確實如此，因為不論她正在思考什麼，她的思路經常會隨著她看事情的種種角度而變化，因此常常造成一種後果，就是我們會錯失鄂蘭思想「整體」的意義，而那整體是她從來不曾試圖說明的。需有明辨的眼光和堅持的意志，才能識別和探索她在梭巡每個主題時的思路，而獲得一個完整的政治理論，[14]而除此之外，鄂蘭被過度誇耀的「爭議性」也容易成為大家的焦點。若說鄂蘭有一套不同但可以比美於其他體系的政治理論，這種說法是以下述特定假設為基礎：第一，有一個「整體」的意義呼應其作品的意義性，即意義的複數性；其次，理解鄂蘭的「困難」是可以被克服的，即使她傾向保留她所理解對象的困難度而不被破壞；第三，鄂蘭的主要興趣是為自己解釋政治領域的問題，而不是要讓別人懂。這裡不適合一一駁斥這些假設，但如果要反駁，就必須先考量鄂蘭對於下述理論的反對：即透過理性方式而發現的真理（truth）就符合表象的現實（reality）。她稱此為aequatio intellectus et rei——即真理**就是**現實，事物的概念**就是**事物本身，或本質和存在是相同的；她認為這已經被康德的啟示所否定：「內含於理性結構中的二律悖反……以及他對綜合命題的分析」。對鄂蘭而言，康德已經削弱了心智對於形而上真理的追求，沒有所謂「超越」表象具體意義的真理，或者像她自己所說的「思想與存在的統一」。再者，她已然看到，在極權主義企圖捏造現實和真理的做法中，真理與現實相符的理論及理論連貫性受到政治上的扭曲，其代價是犧牲了人類的複數性。[15]在這方面，馬克思並非完全沒有責任的。

鄂蘭思想的關鍵在於，過往發生的事件之特定意義，在再生產的想像中依然具有潛在活力。那意義不論多麼違逆我們的道德感，當它在敘述中被複製或被間接經驗，就重新取得了世界的深度。以這樣的方式分享二手經驗，或許是與過往在世界的現存和解、阻止我們和歷史現實疏離的最有效方式。鄂蘭有意讓她關於過往的敘述可以被他人聽見，這一點我是在她的專題討論課「二十世紀的政治經驗」中體悟的。雖然討論課是在一九六八年，距離本書收錄文章的寫就晚了近乎十年，但她對於複數經驗的強調卻將那堂課的內容置於這批較早的書寫之列。她對學生說的第一句話是：「不談理論；把所有的理論忘掉。」接著，她說她的意思**不是**要我們「停止思考」，因為「思考和理論並非同一件事。」她告訴我們對於一個事件的思考**是**去回憶它，「不然的話它會被遺忘，」而這種遺忘會危及**我們**這世界的意義性。[16]她要我們按照順序回憶二

14 康諾芬，《漢娜．鄂蘭：政治思想新詮》（Margaret Canovan, *Hannah Arendt: A Reinterpretation of Her Political Thought*, Cambridge: Cambridge University Press, 1992）。

15 《論理解：一九三〇－一九五四》，頁一六八、三五四。參考〈空間的征服與人的高度〉（H. Arendt, "The Conquest of Space and the Stature of Man," in *Between Past and Future*, New York: Viking Press, 1968, pp. 270-77）。

16 引自鄂蘭專題討論課的大綱，存於國會圖書館，也引自我自己的課堂筆記。

十世紀發生的一些重要政治事件——戰爭、革命和伴隨而來的災難。鄂蘭的學生間接經歷了這些政治事件——從第一次世界大戰的爆發到俄國和中國的革命，到第二次世界大戰，到死亡和勞動集中營的存在，再到廣島和長崎的原爆毀滅——這些人類的（有時候簡直是非人性的）行動和苦痛中斷了持續的過程，也開啟新的過程，而這些過程又被新的行動、新的痛苦，以及其所啟動的過程所中斷。

課程內容包含鄂蘭用自己的話語對這些事件所做的敘述，並求助於詩人和歷史學家，就像本書文章中的做法。她說這些故事之所以重要，不是因為真的發生，而是因為在這些故事中，二十世紀快速而激烈的變動表象，無法解釋成相連的事件，而「老天爺才知道」這一連串事件會導致什麼。她讓我們相信，一般習慣透過意識形態——左派、右派、中間立場——看待政治領域，以此取代引發行動的原則（principle）的思考，這等於放棄我們的自發原創性，而若沒有這種自發性，任何行動都是無法理解的，就像人類的聰明巧智在將「純粹」科學做科技的應用時，就已經掌握毀滅全世界的手段。這些**心智**過程和行動的毀滅性並存，關於這過程的故事我們不斷聽到，而這過程，她說，或許比以往更牢固地盤據在今日。這她當然知道，但她希望我們也了解。鄂蘭的敘述是痛苦的，而她在對我們述說時毫不留情，也不允許我們用委婉的方式回應。對於過往發生的事件，不允許有任何推卸的藉口或合理化，但奇怪的是，她的故事所引發的痛苦被一種新的感覺所取代，事件本身有了可怕的意義感。

《政治的承諾》的編輯工作，使我想起鄂蘭的專題課程，但是現在回想，在經歷了一九八九年蘇聯共產體制的瓦解以及其帝國的持續解體，而這並沒有引發呼應黑格爾的那種「歷史的終結」，我了解到這些書寫在現在比一九六八年寫作時更值得我們注意。從政治上來說，冷戰主宰了一九五〇年代和一九六〇年代，但現在的「反恐戰爭」卻方興未艾。[17]雖然對於正在發生的事情，我們不可能去做完整的敘述，但是本書的讀者可以了解，在心智上維持和複數之人所構成的世界同在，接受其意義的多重性和嚴格說來為相對的真理，至少比重新經驗過往事件的意義更重要，或許也更為迫切。敘述是思考的事物（thought-things），雖然我們以過去式思考（「所有的思想都是事後的想法」），[18]但我們是在現下做判斷。如同鄂蘭在書中所說：「從各種立場看同一件事的能力存在於人類世界；也就是將我們天生具有的立場，和與我們處於同一個世界的他人之立場進行交流，造成真正心智世界的移動自由，而這和我們在物質世界的遷移自由是平行的。」（譯按：引自〈導入政治〉，本書頁二三二—二三三。）

17 譯注：柯恩的導論作於二〇〇五年。

18 鄂蘭，《心智生命》卷一《思考》（*The Life of the Mind*, vol. I -Thinking-, New York: Harcourt Brace Jovanovich, 1978, p. 87. 中文版：蘇友貞譯，立緒文化，二〇〇七）。

換言之，判斷和行動的「真正自由」不是在二手經驗中**實現**的，它的意思是，最高的政治心智能力是判斷，而非思想。關於政治是什麼，鄂蘭的敘述特徵在於判斷，相對的，關於政治不是什麼，其敘述的特點在於超人性的真理必然性律則控制著心智，而心智控制著身體。一方面，鄂蘭對於過往的思考，幫助她整備其判斷力；另一方面，鄂蘭明確說道，思考並非總需要做判斷才能影響世界。現在之所以會有這樣的想法，本身就是我們這個世界的一種判斷，而它所引發的後果如此之大，假如我們略而不加正視，就太魯莽了。

《政治的承諾》邀請讀者加入鄂蘭以及她在穿梭時空的旅途中喜歡引以為伴的人。在旅途上，讀者會發現他們不同意的判斷，但一定會發現更多和他們的土地及時代相關的東西。這旅程起於古代的雅典城，鄂蘭和蘇格拉底及柏拉圖進行了思想的對話。蘇格拉底變成有血有肉的人，他興味盎然賞析眾多意見或相對真理，以及個別的觀點，而雅典城邦便是以此開放接受其公民的複數性。蘇格拉底選擇不表述自己的意見，因此與他人不同，他代表著所有他者的人性。對蘇格拉底而言，行動不是由外在

號令所引發的：在他那裡，他所發明的不矛盾（noncontradiction）律則支配著他的思考，也支配他的行動，如同「壞意識」亦然。我相信在鄂蘭之前，沒有一個人如此堅定主張蘇格拉底的思想和行動是等同的。她的意思是，在蘇格拉底的思想中，也就是在他與自己一致的生活中，對另外一個人的侵犯就是對自我的侵犯。蘇格拉底無所為，卻影響了人類的世界，這是一種較高層次的道德政治思考，更在二十世紀鄂蘭的作品中產生迴響。

但這並沒有在雅典持續。蘇格拉底無法說服那些並不是非常深思熟慮的判官相信他所說的，思考對於他們作為公民是一件好事；於是蘇格拉底為此赴死，以證明其信念的有效性，而非改變自己的想法。這是**他的**真理。鄂蘭相信蘇格拉底開創了政治思想的傳統，是由於蘇格拉底被他的公民同胞判刑的這場政治道德悲劇。當然，柏拉圖並非有意開啟傳統，但當他建構起一個「觀念政體」（ideocracy）時，其思想的力道就開啟一項傳統，即善的觀念的**統治**，那個政體不再需要任何信念勸說。該觀念的單一超驗真理，由哲學家在孤獨中觀見，如同一種難以言喻的驚奇，它取代了蘇格拉底緊追不捨地質疑其公民同胞而刺激出來的諸多相對真理。最後，公民以極小的票數差距判定，回答蘇格拉底無止境的提問會擾亂和阻撓他們對於財富、影響力，以及其他物質興趣的追求。無疑的，柏拉圖知道他們是對的，但他敏銳地理解到利益的追求會阻礙更令人信服的倫理的理想，也因此大力反對。對於傳統而言，重要的是柏拉圖把統治權（rulership）的觀念帶進政治領域，雖然這觀念源自一種全然非政治的支配，即對於家奴的支配。對奴隸的支配使得主人得以離開私人的居所；他不必為日常需求勞心勞力，因此能夠進入公共領域，即市集廣場，在那裡他可以和其他地位平等的人互動並自由對談。

如同鄂蘭所有的故事，這故事的複雜性在於她的敘述方式。即使想像到其中的豐富性，讀者或許會想知道除了思考和提問，蘇格拉底還做了些什麼，除了接受不公正的判決，他還啟發別人做了什麼。鄂蘭或許會回答，她的故事是關於蘇格拉底的思考方式阻礙他去做什麼；而他的質疑，也就是在其對話者的意見中尋找相對真理時，使得公共空間和其中進行的政治活動更加真誠。對於是什麼東西激發了政治行動的問題，鄂蘭在數世紀之後孟德斯鳩對於傳統的改寫中找到答案。孟德斯鳩從傳統衍生出共和及君主政體中的行動原則，分別是平等和殊異，這是人類複數性的兩個本質面向。用鄂蘭的話來說：

> 就像沒有本然的人之存在，只有男人和女人，他們相同之處在於其各自絕對的殊異性，也就是**人性**；同樣的，這種共享的人類相同性是一種**平等**，而這平等性

又只展現在彼此平等者的絕對區別上。……。所以，如果行動與言說是兩種顯著的政治活動，殊異性和平等性就是政治體的兩個構成元素。（譯按：引自〈政治思想的傳統〉，本書頁一二二）

這段文字出現在本書中有關孟德斯鳩文章的前一篇之結論。此段文字中，人類複數性的政治意義很清楚，也帶出其他關於柏拉圖哲學「真理專政」(tyranny of truth) 的問題。鄂蘭告訴我們，柏拉圖在被動痛苦地接受真理時——即字面所示是一種熱情——摧毀了蘇格拉底在思考時於自我內在經驗到的複數性，那也是當他停止與自我的對話思考而與他人對話時，在他人當中經驗到的複數性。[19]柏拉圖經常說真理是難以言喻的，如果不能用言語說出，那麼他單一真理的經驗在根本上即有異於蘇格拉底對於多數真理的追求。在此讀者可能會問，我們所知關於蘇格拉底的一切是否來自柏拉圖，而蘇格拉底是否真的不是柏拉圖創造出來的人物。我想鄂蘭會同意，對她而言，蘇格拉底重要的地方在於柏拉圖所敘述的蘇格拉底。柏拉圖將統治權從私人領域引進公共

19 我們很難不懷疑，鄂蘭在一位比柏拉圖距離當代更近的哲學家身上，看到類似的內在複數性的毀滅，那就是海德格。

領域，不只對政治思想傳統的奠定具有決定性，也是柏拉圖為蘇格拉底枉死之冤平反的嘗試。

鄂蘭清楚地區別政治思想傳統與歷史。政治思想傳統將政治行動降低到手段和目標的範疇，將行動視為達成高於其自身目的的**必要**手段。雖然行動在傳統中不具重要性或不太重要，鄂蘭卻提供了一些範例，由詩人和古代歷史家——她稱他們是判官——談論人類事蹟的「榮耀」和「偉大」，行動因此脫離了必然性，而有其自由。耶穌和奧古斯丁、康德及尼采都指出行動自由的面向，但這一切都在傳統中被遺忘，雖然它在我們的「精神史」當中仍然活躍；西塞羅努力要恢復政治行動，對抗其在傳統中地位的淪落，但徒勞無功。鄂蘭在馬克思那裡看到這個悠久而堅固的政治思想傳統的崩潰，因為馬克思可以說是用他關於統治權的洞見而取消了傳統的開端，他在統治權中納入政府和法律，主張人類的不平等，而認為統治權是從人類的不平等所產生。在即將到來的無階級社會，沒有統治者和被統治者的區分，但也不會有公共和私人領域的區分，不會有鄂蘭所意謂的政治自由。

馬克思結束了傳統，但沒有脫離傳統：來自哲學的標準對人類的進步是無用的，反而當人類自身的進步「掌握了群眾」、使他們了解其行動預定達成的目的時，所有人都會成為哲學家。讀者現在可能會想知道，何謂非傳統的思想。鄂蘭的答案可以在本書的結尾找到，她將可用以理解政治行動的範疇區分為三個層次。政治行動**意義**（meaning）所持續的時間和行動本身持續的時間一樣，雖然意義可以由詩人，或有時透過判官而重現；**目的**（end）是當行動結束的時候就可以知道；而**目標**（goals）則為行動設定方向，並訂定判斷行動的標準。此外鄂蘭又加上孟德斯鳩所說，啟發行動的原則。鄂蘭的分析最好去讀她的文字，但這裡可以說，如果事先知道行動的目的，那麼目的不只會使達到目的的手段變得正當，更會「神聖化」這些手段。但行動的目標和原則，以及行動本身，都會變得沒有意義，歷史會像歷史哲學家所認為的那樣，變成理性而必然的過程，如同黑格爾和馬克思的想法。從政治角度來說，人類的自發性意味著我們在行動的時候並**不**知道行動會達到什麼目的，如果事先知道了，我們就不會是自由的。特別是在今天，當這些範疇被混淆，政治就不再有意義。

對許多人來說，我們對於原始強制力的察覺，甚至切身的經驗，會產生一種感覺，即政治是在由暴力手段推動的世界中運作，雖然嘴上談著平等自由，但政治已變成一種失去控制的自動過程，耗費我們所珍惜的一切。科學家熔合氫氦，在地球上帶動以往只在遙遠星球上會發生的宇宙變化。科技發明家將那變化過程轉變成武器，不只足以毀滅我們自己，更可殲滅這個世界。我們都知道熱核戰爭的可能性，比以往更甚地威脅世界潛在的不朽性。在此時，政治判斷比以往更有迫切需要，也是在這裡，鄂蘭轉向特洛伊戰爭，去評斷這個世界可能的毀滅，但她不是將特洛伊戰爭視為一場作為「政治的延長」的戰爭（引號為克勞塞維茲用語），而是一場殲滅之戰。我認為這大段文字是鄂蘭所有著作中最偉大的段落之一，鄂蘭在其他地方都沒有像此處一般以充分說服力闡述她所謂的政治判斷。透過荷馬和魏吉爾之眼，也透過她自己往來穿梭於兩者間的判斷，特洛伊戰爭變成具有「巨大多重性」的真實，從所有面向被觀察並「演繹」。古希臘人和羅馬人都知道，殲滅戰爭在政治中沒有任何地位——即使，或者正是因為，是希臘人發動了特洛伊戰爭而羅馬人的祖先因此受難。希臘人和羅馬人發明了兩種前所未見的政治生活的形式，即城邦和共和國，也發明兩種法律概念。對此二者，法律之外就是荒漠，不論這法律是作為疆界或同盟組織；在他們之中，暴力都破壞法律所造就的東西，即包含在城邦和更廣大世界中的世界，這世界首次由原本敵對的人民在融入共和國之後所產生。這些世界摧毀不易，若一旦被摧毀，就會釋放出再也無法遏止的「毀滅過程」。鄂蘭對於古代特洛伊戰爭的敘述和判斷並不是針對過往，而是對我們這時代和處境的判斷，也是對我們所謂國內和國際政策的判斷。

對鄂蘭來說，所有毀滅力量，即便無法避免，本身都是反政治的：它所摧毀的不是我們的生命，而是存在於眾生之間、使之成為人的那個世界。人以及人性化的世界不是被製造出來的，任何部分如果被摧毀也不可能再替換。對鄂蘭來說，世界不是自然的產物，也不是上帝的造物；世界只能透過政治而出現，在最廣義的理解上，鄂蘭認為政治是一組條件，在這些條件下，男女眾生以其複數性、以彼此間絕對的殊異性，共同生活，在自由中互動交談，而這樣的自由只有他們能夠給予彼此並互相保證。她說：

> 只有在彼此交談的自由中，我們所談論的世界才能客觀而明顯地全方位浮現。生存於真實世界，以及彼此交談，基本上是同一件事。……不論是啟程去開創前所未有之新事物的自由，或是在言談中和眾多他者互動、並經驗世界在其全體中總是具備的多樣性的自由——這種運動的自由，非常可以確定過去不是、現在也不是政治的最終目標，亦即不是可以透過政治手段達成的。這其實是所有政治相關事物的實質與意義。在這意義上，政治和自由是等同的。（譯按：引自〈導入政治〉，本書頁一九二—一九三。）

在本書的〈跋〉中，鄂蘭寫到隱喻的荒漠世界，談到賦予生命的哲學和藝術、愛和友誼的綠洲。這些綠洲因為那些企圖讓自己適應於荒漠生活條件的人，以及那些試圖從荒漠逃離到綠洲的人，而有成為廢墟之虞。這兩種情形中，荒漠世界侵犯並破壞他們私有生活的綠洲。荒漠這個隱喻不應該解讀為字面的荒地，或廢棄之地，想像成是放縱工業擴張發展的最後產物，耗盡地球的自然資源、污染海洋、使大氣層暖化，並毀滅地球養育生命的能力。荒漠的隱喻實是代表著我們逐漸喪失世界，於此鄂蘭的意思是指「雙重的逃逸，逃離土地進入宇宙，逃離世界進入自我。」[20]不是像在其他地方一樣，她所思考的不是災難，災難之後只會留下遭到毀滅的文明「殘跡」——雖然這可能很快就會發生，因為荒漠條件所可能導致的熱核戰爭或新型極權主義運動，確實最有利於這種狀況的產生。荒漠隱喻的是某種**已然**存在的東西，而在世界不斷翻新、不斷「重新開始」的需求中，也隱喻某種**一向**存在的東西。如此，荒漠根本不是公共政治生活所造成的，荒漠是缺乏公共生活的結果。

鄂蘭的荒漠隱喻被選為本書的跋文，是因為毀滅世界的邪惡是鄂蘭寫作的背景；這邪惡隨著布爾什維克主義和納粹主義進入世界，並且，對鄂蘭來說，從此不曾離開。雖然荒漠不是那惡靈，但今天，只要我們繼續不斷與公共世界疏離，我們都勢將淪落到那邪惡之中，有如墜入地獄；墜落空洞無止境的空間，在那裡沒有任何東西包圍我們，連荒漠都沒有，沒有任何東西使我們成為個體，也沒有任何東西將我們相連或隔離。這是我們的困境；而能夠重新創造開端的，唯有我們能自由挖掘的根部，也就是說，如果我們有勇氣忍受荒漠的條件並向根挖掘。如同自然界中的樹木將根深入泥土而復活荒地，新的開端也仍然有可能將荒漠轉化為人的世界。發生轉化的機會很高，但行動的「奇蹟」就**本體論**而言是根植於人類的，不是人類作為一種獨特的物種，而是以複數形式出現的眾多獨特開端。對於鄂蘭那令人戰慄的問題：「究竟為什麼會有人，而不是無人存在？」答案或許只在那內含於人類複數性當中的許諾。

在政治上，男女眾生聚集起來追求共同的目標，就會產生權力，這權力不同於武力，是從公共領域核心所產生，並且如鄂蘭所說，只要他們在言說和行動上保持結合，就會使該領域繼續存在。有時，當政府體制和法律架構因長久發展而衰老，逐漸蝕腐，回想複數的人曾共同開創並完成政治行動的那難得的時刻，或在故事中重述那些行動的時刻，也許沒有辦法恢復體制活力或找回法律的權威。但鄂蘭的敘述或可灌注足夠的對世界之愛（amor mundi），使我們相信，防止世界成為廢墟也許是值得採取的行動。她敘述的故事並沒有從理論角度定義政治行動，那是自我設限的做法；不過她卻使得那些仔細聆聽的人更會從政治面向思考，成為更好的公民，就像蘇格拉底，他

20《人的條件》，頁六。

雖然沒有從理論上定義崇敬（reverence），[21]但兩千五百年後仍使那些注意他的人，對在人與人之間開展的世界更保有崇敬之心，並以更合乎人性的方式敏於回應。編者希望鄂蘭的這本文集能促使讀者認真看待她所說，一如鄂蘭對讀者的認真對待，因為鄂蘭自己想要認識理解的需求，終究無法和我們必須自己思考和判斷的需求切割。鄂蘭的學生可以證明，她歡迎深思後所表達的不同於她的判斷的意見，那代表一種更為廣泛的同意，同意不斷使那跳動在政治生活的核心之承諾獲得新生。

21 沒有人比鄂蘭更能察見柏拉圖在蘇格拉底對話錄中表現出來的無止境的反諷，尤其是在《歐緒弗洛》（*Euthyphro*）。由於蘇格拉底關於神祇的討論——是因為虔誠所以神愛之，還是因為神愛之所以虔誠——都是出以詰難的方式，那麼我心中懷著反諷之想，把 to hosion 視為「崇敬」（reverence）和「敏於回應」（responsiveness），而不是「虔誠」，或許可以被原諒吧。

「高於」感官的「絕對」事物，如真、善、美，是無法把握的，因為沒有人具體知道那是什麼，在行動的片刻，這是最先使人懊惱的事情。當然，對於絕對事物，每個人都大致有個概念，但各自有不同的想像。西方哲學最後的思想家終究是想掌控行動，卻由於行動取決於複數的人，西方哲學遇到的第一個災難就是要求統一性，但除非是在專制政治底下，否則統一性基本上是不可能的。其次，為了有助於達到行動的目的，任何事物都可以是那絕對，譬如種族，或沒有階級的社會等等。諸事皆得宜，「什麼都可以。」現實對於行動似乎不構成任何阻力，一如任何冒充內行的人所能想到的最瘋狂的理論。每件事都是可能的。第三，若將絕對事物，比如正義，或一般而言的「理想」（像在尼采那裡）當做某個目的，就會先使不公不義、禽獸般的行動成為可能，因為「理想」，即正義本身，將不再是衡量的標準，而變成這世界中可以達成、可以成就的目的。換言之，哲學的實現消解了哲學，而「絕對」的實現也將絕對從這世上徹底消除。如此到了最後，人表面上的實現是把人給徹底消除了。

——引自鄂蘭《思想日誌》一九五一年九月

第1章

蘇格拉底

Socrates

一

黑格爾對哲學的普遍陳述是：「米納娃的鴟鴞只有在夜幕低垂時才展開雙翼」，[1]這陳述只適用於歷史哲學，也就是說它對於歷史而言為真，也符合歷史學家的觀點。黑格爾當然是因為受到鼓舞而採納這個看法，因為他認為哲學其實是始於古希臘時代的柏拉圖和亞里斯多德。他們書寫的年代正當城邦和古希臘歷史即將結束的時候。今天，我們知道柏拉圖和亞里斯多德是處於希臘哲學思想的高峰期，而不是初期。希臘哲學的肇始，則正當希臘城邦如日中天之時，或是幾乎達於巔峰的時候。但

1 柯注：這個意象出自黑格爾《法哲學》序言，整段話值得在此引述：「當哲學以灰暗塗抹灰暗，那生命的形體便逐漸老去。對於哲學的灰中之灰，我們無法使之恢復青春，只能讓它被認識。米納娃的鴟鴞只有在夜幕低垂時才展開雙翼。」

我們還是可以說，柏拉圖及亞里斯多德是東方哲學傳統的開端。這個開端又不同於古希臘哲學思想本身的開端，它其實是在希臘政治生活已接近終點時才展開。在整個哲學，特別是政治思想的傳統中，就後來發展的影響和重要性而言，沒有一項因素比這更重要：那就是，柏拉圖和亞里斯多德寫作的年代是西元四世紀，政治衰敗社會的巨大影響，他倆首當其衝。

於是問題來了：人如果要生活在城邦裡，如何能外於政治而生活？這竟和我們這個時代所面對的問題有點類似，而這個問題很快又帶出另外一個問題：我們如何能夠不屬於任何政治體而生活，也就是活在一種離政治（apolity）的狀態中，或者我們今天所說的，無國籍狀態。更嚴重的是，思想和行動之間立即出現一道深淵，從此不曾闔上。所有思考活動，如果不單是對於達成意欲目的之手段的計算，也關乎最廣義的所謂意義，那它變成一種「事後想法」（afterthought），也就是，發生在行動已經決定或形成現實之後。而行動反而被歸到意外、偶然的無意義範疇。

二

就歷史而言，蘇格拉底的審判和定罪，形成了哲學與政治之間的鴻溝，這件事在政治思想史上的意義，如同耶穌的審判和定罪在宗教史上的意義。蘇格拉底的死，讓柏拉圖對城邦生活心灰意冷，同時也質疑蘇格拉底思想義理中的某些根本元素，而我們的政治思想傳統就是從這裡開始。蘇格拉底未能說服法官他是無罪的，也無法讓他們信服他那對於雅典新生代和良善公民而言至為明顯的美德，因而使柏拉圖懷疑**說服**的有效性。我們很難理解這種懷疑的重要性，因為**說服**這個譯詞無法有力而充分傳達出古代peithein這個字的意思。如果我們知道雅典有一座神殿是供奉佩多Peithō，代表說服的女神，我們就會了解peithein這個字在政治上的重要性。說服的動詞，peithein，特指政治的言說形式。由於雅典人最驕傲於他們和蠻族不同的地方，就在於他們運作政治事務是以言說的方式，而不透過強迫，因此雅典人把修辭，說服的藝術，視為最高的、真正的政治藝術。蘇格拉底在《答辯辭》中的演說是偉大的示範，而柏拉圖就是根據這自辯之辭，在《費多篇》當中撰寫了一則「修正後的答辯辭」，他帶著反諷口吻，說這修正後的答辯辭「更具說服力」(pithanoteron，63b)，因為他以一則來世神話做結，那來世有一套完整、實際的獎懲規則，經過仔細計算以便恐嚇聽者，而不只用來說服他們。蘇格拉底在雅典公民及法官面前提出答辯，其重點在於，他的行為都是為了城邦的最佳利益。在《克利多篇》，他向朋友解釋他不能逃離雅典，為了政治的理由，他必須受死。蘇格拉底似乎不僅沒法說服法官，甚至也無法讓他的朋友心服。換言之，這城邦用不著哲學家，而朋友們也用不著政治的論證。柏拉圖的對話錄部分表明了這個悲劇。

柏拉圖對於說服的有效性心存懷疑，與此密切相關的則是他對意見doxa（英文opinion）的痛加譴責，這態度像一條紅線貫穿柏拉圖政治論著，更成為其真理概念的基石。即使沒有出現doxa這個字，柏拉圖式真理也總是被理解為意見的對立面。看見蘇格拉底把他自己的意見，交給雅典人不負責任的意見去決定，然後遭到多數的否決，這讓柏拉圖鄙視意見，並渴望絕對標準。人們的行為可以透過這種絕對標準而加以評斷，人類思想也可藉此達到若干程度的可信賴性；這樣的絕對標準從此變成柏拉圖政治哲學的主要推動力，甚至對純粹哲學中的觀念（idea）理論產生決定性影響。一般以為，觀念主要是關於標準和衡準的概念，或者，它的源頭是政治性的，不過我不認為如此。但因為柏拉圖自己是第一個為了政治目的而運用觀念的人，因而這樣的詮釋更加可以被理解，更無可非議。是柏拉圖把絕對標準引入人類事務的範疇，而在人事範疇中，如果沒有這種超越的標準，每件事都會是相對的。柏拉圖自己也曾指出，我們不知道絕對的偉大是什麼，只經驗過相對於其他東西比較偉大或比較微小的東西。

真理和意見的對立，確實是柏拉圖從蘇格拉底的審判中所得出來最為反蘇格拉底的結論。蘇格拉底未能使雅典公民信服，已顯示這城市對哲學家來說不是個安全的地方，不只因為他可能由於所擁有的真理而使得性命不保，更重要的意義在於，無法信任城市能夠保存對於哲學家的記憶。如果公民可以將蘇格拉底處死，一旦他死後，人們也很容易就會將他遺忘。唯有當哲學家能夠受到與城邦及公民團體相對立之哲學家團體的啟發時，他在塵世的有限生命才能受到保障。亞里斯多德和柏拉圖那裡都出現反對智者（sophoi）的論點，說他們不懂得什麼對自己是好的（這是政治智慧的前提要件），說他們在市井當中總顯得荒謬，被人當笑柄——就像古希臘數學家泰利斯，因為一逕盯著天空看，不小心跌落腳旁的水井，結果被村家女孩取笑。反對智者的古老論點，被柏拉圖翻轉為對城市的反對。

柏拉圖主張哲學家應該成為城邦的統治者，要理解這個要求的深遠意義，我們必須記住城邦對於哲學家，而非藝術家或詩人，所存在的一般「偏見」。只有那些不知道什麼對自己有好處的智者，才更不了解什麼對城邦是好的、善的。智者，作為統治者的有智慧的人，必須被視為對立於當時關於「悟者」的理念——悟者（phronimos），對於人類事務的世界有其深刻洞見，因此使他有資格領導，不過當然不是說他就有資格統治。一般不認為哲學（意為愛智）和上述的政治洞見（即phronēsis）屬於同一個層次。惟獨智者關心城邦以外的事情，而亞里斯多德完全同意這種輿論，他說：「安納薩哥羅斯和泰利斯都有智慧，但不是悟者。什麼對人是善的（anthrōpina agatha），他們並沒有興趣。」[2]柏拉圖不否認哲學家關心的是永恆的、不變的、非人性的事情。但他不認為這會使哲學家因此不適於扮演政治的角色。他不同意城邦做成的結論，亦即哲學家由於不關心人類之善，故而總是有變成無用之人的危險。善（希臘文agathos，英文good）的觀念，在這裡和我們所謂的絕對意義的善沒有關聯；它指的就是「對什麼東西好」，是有益或有用的（chrēsimon），因此也是不穩定的、偶然的，它不必然是其所是，反而總是可能有不同樣貌。對於哲學可能剝奪公民個人的適性，這樣的責備暗含於雅典政治家柏里克利斯著名的陳述：「我們愛不誇張的美，我們愛無有柔弱或怯懦的智慧（philokaloumen met' euteleias kai philosophoumen aneu malakias）。」[3]現代人的偏見認為柔弱和怯懦與愛美有相當的關連，但古希臘人卻在哲學中看到這種危險。哲學，不顧人事範疇而只關注真理，也不同對於美的愛——這愛表現在城邦的各個地方，表現在雕像和詩歌、音樂以及奧林匹克競技會；哲學將其追隨者逐出城邦，把他們變成與城邦不相容的人。當柏拉圖宣稱哲學家有統治權，因為只有哲學家可以看見善的觀念，即永恆本質的至高者，這時他是在兩個地方反對城邦之見：第一，他主張哲學家對於永恆事物的關心並沒有使他有變成無用之人的危險；第二，他斷言這些永恆事物甚至比它的美更「有價值」。他對普羅塔哥拉斯[4]的回應是，人不是所有人類事物的衡準，神才是，但這兩種陳述基本上是一樣的。[5]

柏拉圖將善的觀念提高到觀念領域的最高地位，是觀念中的觀念，這情形出現在其洞穴寓言，而它必須在這個政治脈絡中來理解。它比我們這些在柏拉圖傳統的影響下所養成的人所想像的更非理所當然之事。顯然，柏拉圖受到希臘眾所周知的理想，即美與善（kalon k'agathon）所引導，因此當他下定決心追求善而非美，就具有深遠的意義。觀念被定義為是表面會發光的東西，因此若從觀念本身的角度來看，美，這不能被利用、只會展露光芒的東西，更有理由變成觀念中的觀念。[6]善不同於美的地方在於，善可以應用，並且有應用的成分在其中。此一差別對我們來說是如此，對於古希

2 鄂注：《尼科馬克倫理學》1140 a 25-30, 141b 4-8。

3 鄂注：修斯提底斯 2.40。（譯注：修斯提底斯為《波羅奔尼撒戰爭史》作者，記述西元前五世紀斯巴達和雅典的戰爭。修斯提底斯崇仰希臘政治家柏里克利斯，在書中記錄柏氏為陣亡將士的著名悼詞。參見第六章註八。）

4 譯注：Protagoras，約西元前四八〇－四一一，辯士派最具代表性的人物，他主張智慧是可以被教導的，其哲學的基本觀念在於「人為萬物之衡準」，客觀世界以人為衡準，除人之外沒有什麼東西決定存在和真實。

5 鄂注：《法律篇》716c。

6 柯注：參考《人的條件》的詳細討論。（*The Human Condition*, Chicago: University of Chicago Press, 1970, pp. 225–226 and n. 65. 中文版：林宏濤譯，商周出版，二〇一六。）

臘人更是如此。只有當觀念的範疇受到善之觀念的照明，柏拉圖才能使觀念為政治所用，並在《法律篇》中樹立他的觀念政體，將永恆觀念轉譯為人類律法。

《國家篇》中以嚴格的哲學論證形式出現的東西，是受到一種關乎政治的經驗所催化，那就是蘇格拉底的審判和死亡；城邦為智者劃定界線——說他們是關心永恆、非人性、非政治性事物的人，而第一個跨越這道界線的人不是柏拉圖，是蘇格拉底。蘇格拉底之死的悲劇，在於一樁誤會：城邦的人不了解，蘇格拉底並沒有自稱是最有智慧的人。他不認為智慧是屬於凡界眾生，因此當戴爾菲神諭說他是最有智慧的人，他從中讀出反諷：知人之不可為智者的那人，就是凡人當中最具智慧者。城邦不相信他，硬要他承認他就像所有智者，政治上一無所用。但作為一個哲學家，他真的沒有什麼東西可以教給他的公民同胞。

蘇格拉底不以智者自況，等於對哲學做了新的要求，於是哲學家和城邦的衝突達於頂點。在此狀況下，柏拉圖設計了他的真理專政：統治城邦的不是暫時之善，而是永恆真理——人可能被暫時之善所說服，但無法被永恆真理所說服。蘇格拉底式經驗所顯現出來的是，只有統治權或許可以向哲學家保證其塵世的不朽，那是城邦應該給予所有公民的保證。但當所有人的思想和行動都受到其自身內在不穩定性及人類的健忘所威脅，哲學家的思想便也暴露於刻意的遺忘當中。因此，向居民保證永生和穩定性的這個城邦（如果沒有城邦，他們根本不敢做此奢求），卻對哲學家的不朽性形成威脅，甚至造成直接的危險。確實，在哲學家與永恆事物的交流中，他感受到的對於塵世不朽性的需求，低於其他任何人。而每當哲學家嘗試讓他所關心的事情得到公民同胞的注意時，這種多於塵世不朽性的永恆（eternity）就與城邦產生衝突。只要哲學家向城邦提出他的真理，對永恆的反思，那真理馬上就化為眾多意見當中的一種意見。它喪失其可被辨識的獨特性，因為沒有明顯的標誌可以區隔真理和意見。永恆事物一旦進入眾人當中，永恆就化為短暫，同樣的，每回和他人討論永恆，也都已然威脅到愛智者活動領域的存在。

在推論蘇格拉底審判之涵義的過程中，柏拉圖得到兩個概念，一是真理作為意見的對立項，一是具體的哲學言說形式，dialegesthai（把事情談通透），作為說服與修辭的對立項。亞里斯多德把這些區別和對立視為理所當然，所以他在《修辭學》——如同其《尼科馬克倫理學》，都是他的政治書寫——開宗明義說道：「說服的藝術（因此也是政治的言說藝術）對應著辯證（dialectic）的藝術（哲學言說的藝術）（hē rhētorikē estin antistrophos tē dialektikē）。」[7]說服和辯證的主要區別在於，前者總是對大眾而發，而辯證可能只是兩人之間的對話。蘇格拉底錯在用辯證的方式對法官說話，這就是為什麼他無法說服他。另一方面，由於他尊重說服的內在限制，因此他的真理變成眾家意見當中的一種，不會比法官的非真理更加高明。蘇格拉底堅持和法官把事情討論個通透，如同他過去和單個雅典公民或他的門徒討論各式各樣的事情。蘇格拉底相信透過這樣的方式他能夠達至某種真理，並說服他人。但說服不會從真理而來，它來自意見；[8]只有說服之舉會去衡量，並知道如何面對大眾。對柏拉圖而言，說服大眾意味把自己的意見強壓在眾多意見之上；因此說服不是暴力統治的對立面，而是暴力統治的另一種形式。柏拉圖用來世的神話總結他所有的政治對話錄，惟獨《法律篇》例外；而這些來世神話既非真理，也不單只是意見；它們是設計來使人害怕，亦即企圖只藉語詞來行使暴力。《法律篇》可以不用神話來結尾，因為詳細的法令規定和更為鉅細靡遺羅列的懲罰項目，使得以語詞施暴的方法變得無用武之地。

雖然蘇格拉底很有可能是第一位有系統運用 dialegesthai（對人把事情談通透）方法的人，他也許並不把這個方法看成說服的對立面甚或對應者，但可以肯定，他並未將這種辯證的結果與意見相對立。對蘇格拉底，以及對他的雅典公民同胞而言，意見，是將 dokei moi——「向我所呈現的東西」——形諸言說。這個意見的重點不是亞里斯多德所稱的eikos，即或然，或許多的可能事物verisimilia（不同於單一真理unum verum，也不同於無限的錯誤falsa infinita），而是對於世界「向我開展之形貌」的領會。因此它不是主觀的幻想和武斷，但也不是某種絕對的、對所有人有效的東西。其假設在於，世界向每個人開展的樣貌，會根據每個人在這世界的位置而各有不同；而世界的「同」，其共通性（koinon，如古希臘人所說，所有人共通者）或「客觀性」，在於同樣的世界會向每個人開展，儘管人人不同，而他們在世界中的位置也都有異——因此眾議紛陳——但「你我都是人」，這點是相同的。

Doxa這個字指的不只是意見，也表示光輝、名聲。因此，它和政治領域有關，那是每個人都可以現身其中、展現自我的公共領域。明確說出自己的意見，等於能夠展現自己，被他人看到、聽到。對希臘人而言這是一種依附於公共生活的特權，在自家私人範圍內就沒有這種特權，不會被別人看到或聽到。（家庭、妻子和孩童，奴隸及僕人，當然都不被認可為是全人。）在私人生活中，人是隱藏的，既不能出現也不能閃耀，結果那裡就不可能有意見。拒絕公職和榮譽的蘇格拉底，從未曾退隱到這種

7 鄂注：《修辭學》1354 a 1。

8 鄂注：《費多篇》260 a。

私人生活裡，反而進入市井，置身這些意見當中。柏拉圖後來稱之為「說通透」的方法，蘇格拉底自己則稱為「助產術」：他想幫助別人，用任何方法，把他們自己所想的東西接生出來，在他們的意見中找到真理。

這個方法的意義在於一種雙重的信念：每個人都有自己的意見，他自己向世界的開展，所以蘇格拉底總是必須從問題開始，他無法事先知道他人擁有的dokei moi，「向我所呈現的」，是何種樣貌。他必須確定他人在共同世界中的位置。然而，就像沒有人能夠事先知道他人的意見，也沒有人能夠不加費力地獨力發現自身意見的內在真理。蘇格拉底想要引出每個人潛在擁有的這個真理。如果我們循著他這個助產術的隱喻，我們可能會說：蘇格拉底想要藉由替每個公民接生他們的真理，而使城市變得更美。他的方法就是「把事情談通透」，但這辯證方法不是透過摧毀意見，而是透過揭露意見中的真實性、誠實性。因此，哲學家的角色不是統治城市，而是當一隻刺激它的「牛虻」，不是傳達哲學真理，而是讓公民更真誠。他和柏拉圖在這一點上的差異甚為關鍵：蘇格拉底不想教育公民，而是想改進他們的意見，因為意見建構了他亦參與其中的政治生活。對蘇格拉底來說，助產術是一種政治活動，一種施與受，根本上是基於嚴格的平等，而其成果並無法根據達成某項普遍真理的結果來衡量。因此，柏拉圖早期對話錄常常沒有結論，沒有一個結果，這顯然相當符合蘇格拉底式傳統。把事情談通透，討論某件事，某個公民的意見，這本身似乎就是一種結果了。

這種對話不必產生某個結論才算有意義，顯然這最適合朋友、也是朋友最常共享的形式。確實，友誼在很大程度上就包含談論朋友之間共通共有的東西。藉著談論發生在彼此之間的事情，他們共通的部分就更多了。所獲得的不只是特定的表達性，更發展、延伸，最後在時間和生命的過程中，開始自成一個朋友之間共同分享的小世界。換言之，從政治角度來說，蘇格拉底試圖和雅典公民交朋友；由於城邦生活是由所有人對抗所有人，一種 aei aristeurein，是密集而不中斷的競爭所構成，要不斷證明自己是最好；因此蘇格拉底以交朋友為目的是很可以理解的。衝突競爭的精神終將導致希臘城邦的毀滅，因為這讓城邦之間的結盟幾乎不可能，公民家庭生活也受到妒忌和彼此間的仇恨所毒害（妒忌是古希臘全國之惡），在這種衝突精神之下，公益經常受到威脅。由於政治世界的共通性只由城牆及法律的界線所構築，因此這共通性不被視為公民間的關係，經驗上也非如此，不在於公民**之間**、為所有人共有的世界，即使這世界以一種不同的方式向每個人開展。亞里斯多德的政治哲學，特別是他明確反對柏拉圖的地方，都可回溯到蘇格拉底；如果我們要用亞里斯多德的名詞來更加了解柏拉圖，不妨引用《尼科馬克倫理學》中亞里斯多德解釋共同體（community）的部分：共同體不是由平等之人所組成，相反的，是由不同且不平等的人所組成的。共同體的出現是透過平等化過程，isasthênai。[9]平等化在所有的交流中發生，譬如醫生和農夫之間，並且以金錢為基礎。政治、非經濟的平等化就是友誼，philia。亞里斯多德以需要來類比友誼，而交流則和他的政治學內蘊的唯物論有關，也就是他深信，由於人們致力於擺脫生命的必然性，因此政治終究是必要的。比如，「吃」不代表生命，但它是生的條件，共同生活於城邦中也不是好的生活，而是好生活的物質條件。因此他終究是從單一公民的角度來看待友誼，不是從城邦的角度：友誼存在的至高理由是，「沒有人會選擇沒有朋友的生活，即便他擁有所有其他的善。」[10]友誼中的平等化，並不定然表示朋友會變得彼此相同或平等，而是說他們變成共同世界中平等的夥伴——他們一同建構出共同體。共同體是由友誼所形成，而顯然這種平等化過程會有一個爭議點，即內在於競爭生活中的公民分化的現象不斷增強。亞里斯多德的結論是，將共同體聯結的似乎是友誼，不是正義（如同柏拉圖在《共和國》這部關於正義的偉大對話錄中所主張者）。對亞里斯多德來說，友誼高於正義，因為正義在朋友之間不再是必要的。[11]

友誼中的政治元素是，在真誠對話中，朋友可以理解內在於對方意見中的真理。一個朋友比作為人的朋友（friend as a person），更了解共同的世界如何呈現給他者，了解它透過何種特定表達性呈現給他者，而那他者作為一個人是永遠不等且不同的。這種理解，也就是透過他人眼光看世界（今天這已變成老套的說法），本身就是絕佳的政治性洞見。傳統上如果我們要界定政治家的美德，我們可以說其美德就在於有能力認識最大數量、最多樣的現實，而那些現實開放給公民去形成各種意見。（認識現實，而非主觀觀點——主觀意見當然也存在，不過不是我們這裡要討論的。）如果沒有政治家的幫忙而要使這樣的認識產生，並引發行動，則前提要件是每個公民都口才便給，能夠真誠表達其意見，並因此了解他的公民同胞。蘇格拉底似乎相信，哲學家的政治角色就是協助建立這種以友誼的理解為基礎所構築的共同世界，而在這世界中不需要統治者。

為此，蘇格拉底依賴兩項見解，其一出現在戴爾菲的阿波羅神諭，gnōthi sauton，「認識你自己」，另一者由柏拉圖所道出（亞里斯多德呼應）：「寧與世人不合，也不願同自身傾軋。」[12]後者是蘇格拉底信念的關鍵句，那個信念就是，美德是可以教授並

9 鄂注：《尼科馬克倫理學》1133 a 14。
10 鄂注：《尼科馬克倫理學》1155 a 5。
11 鄂注：《尼科馬克倫理學》1155 a 20-30。
12 鄂注：《果加斯篇》482 c。

學習的。

在蘇格拉底的理解中，神諭的「認識你自己」，意味著只有透過認識對我所展現者——只有對我，因此也永遠和我自己具體的經驗相關——我才能夠認識真理。絕對真理對於生命有限的凡人而言是不存在的，因為它對所有人來說都一樣，因此絕對真理和每個人的存在不相關，獨立其外。對凡人來說，最重要的工作是把意見變成真實的，在各個意見中照見真理，並加以談論，以便把某人意見中的真理向他自身及其他人揭顯。在這層次上，蘇格拉底式的「知己之不知」，意思無非就是：我知道我無法擁有每個人的真理；我無法知道其他人的真理，除非我向他請教以便得知他的意見，這意見會以有別於其他人意見的方式向他顯現。神諭以其永遠曖昧的方式，將最有智慧者的榮耀給了蘇格拉底，因為蘇格拉底相信，凡人所得到的真理有其限制，這限制透過dokein（顯現）產生，也因為他反對詭辯者，發現意見既不是主觀幻覺，也非獨斷曲解，相反的，是真理始終依附的東西。假如辯士派學說的精髓在於dyo logoi，即堅持每件事情都可以從兩個不同方法來談論，那麼蘇格拉底就是最偉大的辯士。他認為，有多少人就有多少理言（logoi），只要人以言說的方式共同生活，所有道理就會共同形成人類世界。

對蘇格拉底來說，一個人是否真誠談論其意見，主要衡準就在「他必須與自我一致」——不自相牴觸，不說矛盾的話，而這卻是多數人之所為，不過我們每個人也多少都害怕自己會變成這樣。害怕矛盾，是因為每個人作為「一者」，卻都可同時和自己說話（eme emautō），有如兩個人。由於我已是「二合一」——至少在我嘗試思考的時候——因此我可以經驗到如同亞里斯多德所定義的作為「另一自我」的朋友（heteros gar autos ho philos estin）。人唯其有過對自己說話的經驗，才有能力變成一個朋友，才能取得另外一個自我。條件是他必須和自己同心同意，與自我一致（homognōmonei heautō），因為自相矛盾的人是不可靠的。言說能力以及人的複數性事實彼此應和，其意義在於我用語詞和與我同在此世的人溝通，更重要的意義是，由於與自我對談，我是和我自己一起生活的。[13]

亞里斯多德用以建立西方邏輯學的矛盾律[14]，可以追溯到蘇格拉底的這個根本發現。我自為一者，所以我不會自我矛盾，但由於在思想中我是二合一，因此我可能與自己相悖；因此我不只和他人一起生活，也與自己共處。害怕矛盾，害怕不再為一，這種懼怕包含在分裂之中，是其主要部分，這是為什麼矛盾律不能變成思想的基本原

13 鄂注：《尼科馬克倫理學》1166 a 10-15; 1170 b 5-10。
14 譯注：law of contradiction，即一件事不可能既是真又是偽，既是又不是。

則。這也是為什麼人的複數性從未能完全被消滅，而哲學家想從複數性領域的逃離，一直都還是幻覺一場。即便完全單獨生活，只要活著，我就是生活在複數性的狀況中。我必須接納忍受自己，而這種我和自己同在的狀況，在純粹思想中表現得最清楚，那永遠是二合一的對話。試圖逃離人類複數性狀態的哲學家，遁入絕對孤寂，比任何人更徹底被投擲到這種內在於每個人的複數性中，因為唯其與人為伍，將我從思想的對話中叫喚出來，才使我再度成為一者——一個單一、獨特的人，只以一種聲音說話，而讓所有他者以此為辨識。

蘇格拉底努力要傳達的是，與他人共處始於與自我共處（對此亞里斯多德關於友誼的理論解釋得更為充分）。蘇格拉底的教旨在於：只有知道如何與自我同在的人，才適於和他人共同生活。自我是唯一我無法與之脫離的人，我不能離開他，我和他牢牢結合。因此「與全世界人不合遠勝過於**作為一個**與自己不相一致的**存在者**。」倫理學，不亞於邏輯學，其起源也在於這則陳述，因為最廣義的良知就是奠基在我可能和自己一致、也可能與自己不一致。意思是我不只向他人顯現，也向自我顯現。這個可能性和政治有最大的關聯。如果我們了解，城邦（在希臘人的理解裡）是一個公共－政治領域，人在這個領域中獲得全部的人性，即作為人的充分現實，不只因為他們**存**

在（如同在居家的隱私中），也因為他們顯現。這種顯現的現實即全部的現實，希臘人在多大程度上有如是的理解，以及它對道德問題的重要性如何，可以從柏拉圖政治對話錄中不斷出現的問題加以衡量，亦即，假如「善行、義行是隱藏的，為善無人知，亦無神知，」善行或義行是否依然會是善行或義行。在純粹世俗脈絡中，也就是不相信有全知全能的神會對人世生命做最後的審判，則對良知問題而言，前述問題確實很具關鍵性。也就是說，良知是否能存在於世俗社會，在世俗政治中扮演角色。這也是在問：如此的道德在人世間是否有其現實性。蘇格拉底的答案包含在他經常被引用的建議當中：「為汝之欲人所知者」，也就是，希望別人看到的你是怎麼樣，就那樣對自己顯現。即便在獨處的時候，你也不是完全一個人，你能夠、也必須向自己證明你自己的現實。蘇格拉底雖然發現「良知」，但他尚未稱之為良知，不過前面的說法可以用更蘇格拉底式的話來說：即使別人不會看見你開殺戒，也不能殺人，原因在於你可不希望和一個殺人犯共處一輩子吧。殺了人，只要你活著一天，就會陷入與殺人者長伴的狀況。

再者，孤獨中的對話，我絕對與自己同在，但卻不是完全與複數性分隔，這個複數性就是世界的人，我們所泛稱的人類整體（humanity）。這種人類整體，或說複數性，已經暗示在我是「二合一」這樣的事實中。（「一是為一、唯一，且永遠如此」，這命題只對上帝而言有效。）人不只存在於複數中，如同所有人世間的存在，人在其自身當中也有這種複數性的暗示。但獨處時與我同在的自我，本身從來無法呈現出其他所有人對我而言所具有的同樣明確、獨特的外型或特徵。這個自我總是多變、有點模稜兩可。當我獨處時，自我就是以這種多變性和歧義性的形式，對我呈現所有人，即所有人的人類屬性。我期待他人去做的事情——這種期待是先於所有經驗，也比所有經驗持續得久——在很大程度上是由我與之同在的自我不斷變化的潛能所決定的。換言之，殺人者不只注定要永遠和他內在那個謀害人命的自我共存，也會在自己行動的形象中看見其他所有的人。他會活在一個潛在謀殺者的世界中。此處與政治的關聯性不是他自己個別的行動，或甚至犯罪的欲望，而是他的doxa——世界向他開展的方式，以及成為他生存其間之政治現實不可或缺的一個部分的過程。這樣看來，只要我們依然與自我生活在一起，即使毫無行動，我們也會不斷地改變人類的世界，不管是讓它變好或變壞。

蘇格拉底深信，沒有人願意和殺人犯一同生活，或者活在一個潛在殺人犯的世界中，所以他認為，如果有人堅稱一個人可以殺人，只要沒人知道就可以活得快快樂樂的，那麼這人與自我的不一致是雙重的：他做了一則自我矛盾的陳述，還表示自己樂意和他不苟同的人生活在一起。這雙重的不一致，即邏輯上的矛盾和倫理上的壞意識，對蘇格拉底而言還是同一種現象。這便是為什麼他認為美德可以教導，或者用比較不陳腐的說法是，人作為一個思想與行動合一的人——也就是人的思想始終且不可避免地伴隨著他的行動——這種意識是會使人以及公民變得更好的東西。此說的基礎假設在於思想，而非行動，因為只有在思想當中，二合一的對話才可以被實現。

對蘇格拉底而言，人還不是「理性的動物」，不是被賦予理性能力的存在，而是一個思考的存在，而他的思想呈現於言說的方式。在某種程度上，這種對於言說的關照可適用於前蘇格拉底哲學，而言說和思想的同一性——兩者合成logos（理言）——或許是古希臘文化最突出的特徵。對於這個同一性，蘇格拉底加上我與自我的對話，作為思想的首要條件。蘇格拉底的發現，其政治關聯性在於他對於孤獨的主張：蘇格拉底之前和之後的人都認為，孤獨是專屬於哲學家特有的**習性**狀態（habitus），因此很自然地受到城邦的質疑，視之為反政治姿態；但對蘇格拉底正相反，他主張孤獨是城邦良善運作的必要條件，比起由法律所強加的行為法則和懲罰的恐懼，孤獨更能保證城邦的良善運作。

如果希望找到蘇格拉底言論的迴響，我們必須再度來到亞里斯多德，雖然這個迴響已然弱化了。顯然在回應普羅塔哥拉斯的anthrōpos metron pantōn chrēmatōn（人是所有人類事物的衡準，或從字面上來說，是所有人類所使用之物的衡準），以及我們看到的柏拉圖對於普羅塔科拉斯的駁斥，即人類事物的衡準是theos，是神，是顯現於觀念中的神性，這時，亞里斯多德說的是：estin hekastou metron hē aretē kai agathos（所有人的衡準是德性與善人）。[15]標準在於當人行動時本身是什麼樣子，而不是某種外在的東西，不管是法律，或者超人性的東西，或者觀念。

沒有人會懷疑，此種教導會永遠與城邦處於某種衝突，城邦要求公民對獨立於個人良知的法律保持尊重，而蘇格拉底充分了解這種衝突的本質，才會自稱為「牛虻」。另一方面，極權式群眾動員最在意的事情是取消所有孤獨的可能性——除了不符人性的單獨監禁方式；而經歷過這種極權式群眾動員的我們，可以輕易證明，如果連一丁點與自己同在的空間都不再獲得保障的時候，不但世俗的良知形式會被取消，所有宗教形式的良知也將遭破壞。在極權的政治組織條件下，良知本身不再運作，不會受到恐懼或懲罰的影響，這種經常觀察得到的事實，都可以用上述理由來解釋。無法和自己進行對話的人，也就缺乏所有思考形式皆不可或缺的孤獨條件，就沒有辦法保持良知的完整。[15]

然而蘇格拉底和城邦有另外一種比較不明顯的衝突，而這部分他自己似乎無所了解。在意見中尋找真理，很可能導致災難性的結果，即意見完全被破壞，或者顯現出來的事情不過是一場幻覺。大家記得，發生在伊底帕斯王身上的情況便是如此。當伊底帕斯王開始追究自己的身世真相，他的整個世界、王位的現實，就崩解潰散了。發現真相後，伊底帕斯王不再擁有任何doxa，這時doxa具有多重意義，它是意見、光輝、名聲，以及一個屬於自己的世界。真理因此可能摧毀doxa，可能摧毀公民的特定政治現實。同樣，從我們看到的蘇格拉底所發揮的影響力，他的聽眾有很多在談話結束離開時，顯然不是擁有了更具真實性的意見，而是沒有任何意見。前面提到，許多柏拉圖對話錄是沒有結論的，這也可以這麼看：所有的意見都被推翻，但沒有任何真理起而代之。蘇格拉底自己不是承認，他沒有任何自己的意見，就像「不孕」？但或許，這種「不孕」，這種意見的闕如，也是真理的前提要件？不論如何，雖然蘇格拉底抗議說，自己並不擁有任何特別的、可資傳授的真理，他多少已經像是真理的專家了。爾後，真理和意見之間的鴻溝將會開始把哲學家和一般人區分開來；但當時，這道鴻溝雖然還沒有裂開，但已在此人的形象中浮現，或說預示；他不論走到哪裡，都想使週遭的每個人，尤其是他自己，變得更為真誠。

換言之，哲學和政治之間的衝突，或哲學家和城邦間的衝突之所以爆發，不是因

15 鄂注：《尼科馬克倫理學》1176a17。

為蘇格拉底想要影響政治，而是因為他想使哲學對城邦更有關聯性、更有意義。但在柏里克利斯之死與蘇格拉底受審判之間的這三十年，他的嘗試遇上了雅典城邦生活的急速崩解，衝突因此更形劇烈。這場衝突的結局是哲學的潰敗：唯有透過著名的「離政治」(apolitia)的態度，亦即所有後柏拉圖哲學所特有的對城邦世界的漠然和鄙視，哲學家才能夠保護自己不受週遭世界的懷疑和敵意。由亞里斯多德開始，哲學家不再對城邦感到負有責任，這一方面意味著哲學在政治領域不再有特殊任務，在更廣義的層面，哲學家比他的公民同胞更無須負擔這方面的責任——因為哲學家的生活方式與眾不同。不論法律有多麼不公，蘇格拉底還是遵守那將他處死的法令，因為他覺得對城邦有一份責任；但當亞里斯多德面對類似的審判時，他無所反顧，當機立斷離開雅典城。據說，他說了一句話：雅典人不應當對哲學犯下第二次的罪。從那時候起，對於政治，哲學家所要的只有不受干擾；他們對政府的唯一要求就是，保護其思想自由。如果說哲學從人類事務領域逃逸，全是因為歷史因素，那麼我們很懷疑，其立即後果——亦即思想之人與行動之人的分割——竟能夠建立起我們的政治思想傳統，很令人懷疑。這個政治傳統已然歷經兩千五百年而不墜，縱使政治和哲學經驗不斷變動，其基礎也未受到挑戰。事實上，出現在蘇格拉底本人及其審判中的那種哲學與政治的衝突，遠比我們從蘇格拉底的言教可察見的衝突還更深。

有一個很明顯、幾乎老掉牙的說法，卻常常被遺忘，那就是：每種政治哲學首先皆是表達了哲學家對人類事務的態度，那連哲學家本人也受其影響的人類事務——pragmata tōn anthrōpōn。而這種態度本身涉及特定哲學經驗和我們在人世間活動經驗的關係，並加以表達。同樣顯而易見的是，所有政治哲學乍看之下似乎都面臨了非此即彼的選擇：一是從源自人類事務經驗的範疇來詮釋哲學經驗，另一種正相反，主張哲學經驗優先，並以此來判斷所有的政治現象。後者，最佳政府形式會是一個允許哲學家做最大發揮、提出其哲學理論的狀態，意即在這狀態中，每個人都服從可能提供有利此狀態之最佳條件的規範。不過，歷來所有哲學家只有柏拉圖敢擘劃這樣一個絕對出自哲學家觀點的共和國，但事實上這樣的規劃從來沒有被認真看待，連哲學家們都半信半疑，這表示問題還有其他面向。哲學家所理解和感知的對象雖然是超乎人類的東西，也就是屬於神性的東西（theion ti），但哲學家也是人，哲學和人類事務之間的衝突，終究還是哲學家自身內在的矛盾。柏拉圖就是將這個衝突理性化、普遍化，成為身體與靈魂的衝突：身體居住於人的城市，但哲學家所感知的神性事物，是由本身也是神性的東西——靈魂——所關照，而那多少是和人類事務分割的。當哲學家愈成為真的哲學家，他就會愈把自我和身體分離。但只要他活著，這種分離就永遠不可能實際達成，於是他會盡力去做每個雅典的自由公民都會做的事情，以便將自身從生活的種種需求中分離開來、解脫出來：他會控制自己的身體，如同主人支配奴隸。如果哲學家取得城邦的統治者地位，他對待居民會像對待自己的身體一樣。他的專政，從最佳政府的角度以及人格合法性的意義上來說，都有其正當性；也就是，這統治的正當性來自於他，身為一個凡人，首先要聽命於他作為一個哲學家的靈魂。現在我們常說，只有知道如何服從的人才有資格指揮，或者只有知道如何駕馭自己的人，才能夠合法地統治他人——這些說法的根源，都在於上述這種哲學與政治的關係。柏拉圖身體與靈魂衝突的隱喻，原本是用來表達哲學和政治的衝突；但卻對我們的宗教史和精神史產生巨大影響，幾乎遮蔽了這個隱喻之所從出的經驗基礎；就像將人一分為二的柏拉圖式分割，完全遮蔽掉產生所有這類區分的根源，那就是把思想當做二合一的對話的原初經驗。這並不是說哲學與政治的衝突可以順利分解成某種關於靈魂和身體關係的理論，而是說柏拉圖之後，沒有人像他一樣深知這衝突的政治起源，或者敢於用如此激進的措詞去表達。

柏拉圖本人是用哲學家對城邦的態度去描述哲學與政治的關係。他用了洞穴的寓

言，這寓言形成其政治哲學的中心，也是《國家篇》的核心。柏拉圖有意以這個寓言濃縮哲學家的生命史，寓言分三個階段開展，每一階段都設定一個轉折點，一個翻轉，三者合起來形成periagōgē holēs tēs psychēs，即整體人類的翻轉，那對柏拉圖而言正是哲學家的形成。第一個轉折發生在洞穴之中；這未來的哲學家首先要掙脫將洞穴人的「雙腳和脖子」鍊住、使「他們只能看見自己眼前的東西」的枷鎖，他們的眼睛固定在一個只有影子和事物形像出現的屏幕上。當他第一次轉身，看見洞穴後半火在燃燒，映照洞穴中事物的真實模樣。如果要闡述這個故事，我們可以說這第一個翻轉是科學家的翻轉，它不滿足於人們所言，「轉身」去發現事物本身的模樣，不管眾人的意見如何。屏幕上的影像，對柏拉圖而言是doxa的扭曲，他可以使用完全取自視覺感知的隱喻，因為doxa這個字不同今天我們所用的「意見」(opinion)，它有強烈的視覺意涵。洞穴人所凝視的屏幕上的影像，是他們的doxai，也就是事物呈現在他們眼前的樣貌和方式。如果想看到事物的真貌，他們必須轉身，也就是改變他們的位置。如同前面所說，每一個doxa都和一個人在世上的位置有關，也與之相呼應。

當這個孤獨的冒險者不滿意洞穴中的火，不滿意現在以真正樣貌呈現於其眼前的東西，而想要找出這把火從何而來，想知道事物的原因何在，這時，哲學家生命史中更具決定性的轉折點就到來了。他再度轉身，找到洞穴出口，一道將他迎向晴朗天空的梯子，迎他向一片既無人、亦無物的風景。這裡出現了觀念，那受到太陽照亮的必朽事物與凡夫俗子的永恆本質，而太陽是觀念中的觀念，使觀看者可以看見，而觀念得以發光。這的確是哲學家生命的高峰，但悲劇也從這裡開始。哲學家也是生命有限的凡人，他不屬於這裡，亦不能駐留，必須回到他在世間的家，那個洞穴，然而在洞穴中，他再也無法覺得自在了。

這裡的每一個翻轉都伴隨著感覺和方向感的喪失。習慣於屏幕上幽靈般影像的眼睛，被洞穴後方燃燒的火所欺盲。而之後調整適應於火源微弱光芒的眼睛，又因炫目的陽光而無所見。但最糟的情形發生在那些曾經使自己的眼睛去適應觀念天空下明亮光芒的人，他們必須再度找到路，回到那洞穴的黑暗之中，他們面臨了方向的迷失。哲學家不知道什麼對他們是好的，也不知道他們為什麼會和人類事物疏離——下面的隱喻就掌握了這樣的狀況：他們在洞穴的黑暗中再也看不見，他們失去方向感，他們失去了我們一般所說的「常識」（common sense）。當他們轉回，想告訴洞穴人在洞穴外面看到的事物，他們說的話變得沒有意義。不管他們說什麼，洞穴人聽起來都像世界被「顛倒過來了」（黑格爾語）。這歸返的哲學家有危險了，因為他失去了能幫助他在這共同世界找到方向的常識；尤有甚者，因為他腦中的東西和世界的常識發生牴觸。

洞穴寓言有令人困惑之處：柏拉圖所描繪的洞穴居民是被凍結、綑綁在屏幕前，沒有辦法做任何事情，也不可能彼此交談。的確，整個故事很明顯地看不到政治上最重要的兩個指稱人類活動的詞語，言談和行動，lexis和praxis。洞穴人唯一的工作是看著屏幕；顯然他們很喜歡為了看而看，沒有任何實際的考量。[16]換言之，洞穴人被描繪成平常人，但也就是在這個特質上，他們和哲學家是一樣的；柏拉圖所呈現的洞穴人是潛在的哲學家，在黑暗與無知中忙於哲學家在光明和全知中所關心的事情。因此，洞穴寓言的設計不是在描述哲學如何從政治的角度看事情，而是政治，即人類事物領域，如何從哲學的角度看事情。目的是在發現哲學領域中適合於洞穴人的標準規範，這無可否認，但同時也是讓穴居者雖處於黑暗和無知，也如哲學家一樣對同樣的事情形成自己的意見。

因為這些政治的目的，柏拉圖在故事中沒有告訴我們，是什麼讓哲學家和那些也愛為了看而看的人不同，或者，是什麼促使哲學家開始他孤獨的冒險，掙脫那將他和幻覺之幕栓在一起的枷鎖。故事的結尾，柏拉圖約略提及歸返的哲學家所將面臨的危險，他在結論中說，由於這些危險，哲學家對人類事物沒有興趣，但也必須成為統治

16 鄂注：參考亞里斯多德《形上學》，980 a 22-25。

者，儘管只是因為害怕被無知者所領導。但柏拉圖沒有告訴我們為什麼哲學家不能說服他的公民同胞來效法他，選擇走出洞穴，畢竟這些人已經被固定在屏幕之前，因此某方面來說隨時可以接受——如黑格爾所稱——「更高的東西」。

為了回答這個問題，我們必須回想兩則柏拉圖的陳述，這兩則陳述不是出現在洞穴寓言，但是沒有它們，這個寓言依然費解，而寓言其實也將這陳述視為理所當然。其中一則出現在《帖艾提多篇》——這篇對話錄談到 epistēmē（知識）與 doxa（意見）的差別。柏拉圖在此界定了哲學的起源：mala gar philosophou touto to pathos, to thaumadzein; ou gar allē archē philosophias hē hautē（因為哲學家容受最多的是驚奇；因為哲學的起源唯有驚奇……）。[17]第二則陳述出現在《第七封信》，柏拉圖談論那些在他來說最嚴肅的事情（peri hōn egō spoudadzō），也就是，不是我們所理解的哲學，而是哲學的永恆主題和目的。他說：rhēton gar oudamōs estin hōs alla mathēmata, all'ek pollēs synousias gignomenēs ..... hoion apō pyros pēdēsantos exaphthen phōs（要像談論其他我們所知道的事情一樣談論此事，是完全不可能的；而是，由於常常與它同在……一道光點燃了，如同來自一把飛火）。[18]在這兩則陳述中，我們得知了洞穴故事所遺漏的哲學家生命的開端與終結。

Thaumadzein，即對事物實然的驚奇，根據柏拉圖的說法是一種**感受力**（pathos），是某種被容受的東西，相當不同於 doxadzein——形成關於某事的意見。人所容受的驚奇，或降臨於他身上的驚奇，無法用語言形容，因為對文字來說它涵括太廣泛了。柏拉圖第一次遭遇這狀況，必定是在那些常常被提到的蘇格拉底的創傷狀態；他有時會好像被一陣狂喜所攫獲，霎那間一動不動，只是目瞪口呆，一無所見、一無所聞。這啞口無言的驚奇乃哲學的起源——這已經被柏拉圖和亞里斯多德引以定理。就是這種與一個具體而獨特之經驗的關係，使得蘇格拉底學派不同於所有先前的哲學。亞里斯多德不亞於柏拉圖，也認為終極的真理是超越語詞的。在亞里斯多德的術語中，人類領受真理之器為**精神**（nous），其內容是沒有理言，沒有語詞的（hōn ouk esti logos）。柏拉圖把意見和真理對立，亞里斯多德也把phronēsis（政治洞見）和nous（哲學精神）相對立。[19]對於所有存在事物的實然所懷有的這種驚奇，從來和任何具體事物都沒有關聯，於是後來齊克果將之詮釋為一種「無一事」（no-thing）、一種虛無（nothingness）的經驗。哲學陳述特有的概括性就是源自這個經驗，也使它與科學的陳述明顯區隔。也是由於這個緣故，哲學變成一個特殊的學門，直到今天都是如此。一旦這種無言以對的驚奇狀態轉譯成文字，它不會從陳述開始，而是會不斷地以不同方式表述我們所謂的終極

17 鄂注：115d。
18 鄂注：341c。
19 鄂注：《尼科馬克倫理學》1142 a 25。

問題——什麼是存在？人是誰？生命有什麼意義？死亡是什麼？等等——所有這些問題都有一個共通點：無法用科學的方式來回答。蘇格拉底的陳述「我知道我不知道」，即從知識方面表達了這種科學答案的闕如。但在驚奇狀態中，此一陳述枯燥的負面性不見了，因為對於那個容受了驚奇的人來說，在他內心當中感受到的結果只能夠這麼表示：現在我知道什麼叫做不知了；**現在**，我總算知道我一無所知。這世間人類狀況的一個基本面向就展露在這「不知」之上，而終極問題便是從這種「不知」的實際經驗當中產生——不是從理性的、可證明的事實來說人對有些事情無所知，也許信仰者希望有一天可以見到這種無知狀況獲得充分改善，而實證主義者也許根本不在意這個問題，斥之為無關緊要。人在提出這終極的、無法回答的問題時，便使自己成為一個提問的存在。這就是為什麼科學在提出可回答的問題時，它的起源其實在哲學，而這個起源世世代代以來一直都是源頭所在。如果人失去提出終極問題的能力，同樣的也會失去提出可回答的問題的能力。他將不再是提問的存在，而這不只是哲學的終結，也會是科學的終結。就哲學而言，如果它真的是始於對事物實然的驚奇，而終止於啞口無言，那麼它結束的地方就是開始的地方。開始和結束在此是相同的，那是在許多嚴格的哲學論證當中可發現的所謂循環論證（vicious circle）最根本之處。

柏拉圖所談論的這種哲學的震撼，瀰漫所有偉大的哲學，也是將容受此震撼的哲學家和其他與他一同生存的人區別開來的經驗。而這少數的哲學家和眾人不同之處，絕對不是像柏拉圖所暗示的，大多數根本不曉得有這種驚奇感覺，而在於他們拒絕去容受這感覺。這種拒絕表現在doxadzein，即對事情形成意見，而對於這些事情人無法持有意見，因為常識的共通標準及共同接受的標準不適用於此。換言之，doxa（意見）可能變成真理的對立面，因為doxadzein（對事情形成意見）確實是和thaumadzein（對事物實然的驚奇）相對立的。當關係到我們只能在無言以對的驚奇中才能有所知的事情，持有意見就會變成錯的。

哲學家可以說就是驚奇的專家，是出於驚奇而提出問題的專家——當尼采說哲學家是一個總會有不平凡的事情發生在身上的人，指的是相同的情形；而這個哲學家會發現自己和城邦陷入雙重的衝突。由於他的終極經驗是一種無言以對的經驗，他等於把自己放在政治領域之外，而在政治領域，人的最高能力正是言說——logon echōn（擁有語言）是使人成為dzōon politikon（政治存在）的東西。此外，哲學的震撼凸顯人的單一性，也就是他不是和所有其他人等同，也不是絕對和所有人明顯區隔。在這震撼中，單獨的人有那麼稍縱即逝的片刻面對了整個宇宙，而這樣的片刻他只會在臨終之前再度面對。他在某個程度上和人的城邦離異，而這城邦只能用懷疑的眼光看著和這單獨的人相關的一切。

但更糟的是另外一種衝突，這衝突的後果會威脅到哲學家的性命。驚奇之情並不是和一般人格格不入的，相反的，那是人類狀況最普遍的特徵之一，而由於對眾人而言，解決之道是在不適當的地方形成意見，那麼哲學家不可避免會和這些他覺得不能忍受的意見發生衝突。哲學家自己那種無言以對的經驗，只會使他提出無以回答的問題，因此回到政治領域後，他確實處於相當不利的情況。他是唯一一個無知的人，唯一一個沒有特定明確意見可以其他意見競爭的人，沒有常識想要去判斷的真偽；這常識即所有人共同擁有的第六感，而那種第六感也使我們得以適應一個共同的世界，同時藉此使共同世界變得可能。如果哲學家開始想要對這個常識的世界發言——這個包含著我們共同接受的偏見和判斷的世界——他就會不斷想說出所謂的胡言亂語，或者，再次套用黑格爾的話，不斷想把常識「顛倒過來」。

這個危險伴隨著我們偉大哲學傳統的開端而出現，柏拉圖如此，亞里斯多德亦然，雖然程度較小。因為蘇格拉底的審判，哲學家相當敏感地察覺到，根本的哲學經驗和根本政治經驗內在的不相容性，他們對thaumadzein（對事物的驚奇）那種最初的、開端的震撼以概括方式表述。蘇格拉底式的立場在這過程中喪失了，不是因為蘇格拉底沒有留下任何著作，或柏拉圖有意扭曲蘇格拉底，而是因為蘇格拉底的洞見被錯失了，他的洞見是誕生在政治與哲學經驗的關係還沒有受到破壞的時候。所有哲學這種最初的驚奇，對於後來發生的單獨對話並不成立。孤獨，或說二合一的思考對話，是與他人共同存在、共同生活的狀態當中不可分的部分，而在這樣的孤獨中，哲學家不得不形成意見——他也有了自己的doxa。他不同於其公民同胞的地方，並非在於擁有眾人所沒有的特殊真理，而是他一直願意容受驚奇之感，並因此避免掉僅是意見持有者的那種武斷。為了能夠和意見形成的這種武斷性競爭，柏拉圖提議：無限延長是哲學之始亦是哲學之終的那種無言以對的驚奇。他嘗試發展一種可能只有瞬間閃現的生命方式（省察的生活，bio theōrētikos），或用柏拉圖自己的隱喻，兩顆燧石擦出的飛逝火光。在這嘗試中，哲學家確立自己的地位，將他整個存在的基礎建立在那種當他承受了對事物的驚奇之感時會感受到獨一性。而藉此，他摧毀個人自身內部人類處境的複數性。

這種源自政治經驗的發展，對柏拉圖哲學整體有絕大重要性，是很明顯的。這已經顯現在他從觀念理論中的原始概念所做的奇特衍生，而這種衍生，我認為要完全歸因於柏拉圖的渴望，他希望使哲學能為政治所用。但嚴格說來這當然和政治哲學的關係更大。對哲學家來說，如果他不認為政治領域不值得他降格以求的話，政治領域變成是照顧人類生活基本需求的領域，為絕對哲學標準所適用之所。當然，政治永遠無法服膺這種標準，因此大體而言是被認為不合乎倫理的事業，不只哲學家如此評斷，數世紀之後，當原本對立於常識所形構的哲學結果終於被受教育者的公眾意見所吸收時，許多人也這麼認為。政治被等同於政府或統治權，而兩者都被視為是人性弱點的反映，就像人的行為與苦難記錄被視為人類罪惡的反映。但雖然柏拉圖非人性的理想國永遠不會變成現實，而好幾世紀以來也一直要去辯護哲學的有用性（因為在實際政治行動上，哲學證明是沒有用的），但哲學對西方人成就了一個顯著的貢獻。由於柏拉圖在某種意義上是扭曲哲學以為政治之用，所以哲學繼續提供標準、規矩和衡量度測的標準，藉由此，人類心智至少可以嘗試理解人類事物領域正在發生的事情。而現代的手段所竭力窮究的正是這種幫助理解的效用。馬基維利的著作是窮究哲學實用性的第一個徵兆，而在霍布斯那裡，我們首次發現一種對哲學沒有用的哲學，卻聲稱出自常識是理所當然的事情。而馬克思終於試圖把這個傳統，它的基本範疇和價值級序，顛倒過來。馬克思是西方最後一個政治哲學家，而依然立足於以柏拉圖為始的傳統中。因為馬克思的翻轉，這個傳統真正走到盡頭了。

托克維爾說，「過往不再照亮未來，人心徘徊在晦暗之中」，寫出這段話當時的情況，是過往的哲學範疇已不再足堪理解之務。我們今天生活的世界，是連常識都不再有意義的世界。當前世界常識的崩解，標誌著哲學與政治承受同樣的命運，即便舊有的衝突還在。而這表示哲學與政治的問題，或說使新的政治科學得以產生的新政治哲學的必要性，重新浮上檯面。

哲學，政治哲學，如同其所有分支，不再能夠否認它是源自於traumadzein，對事物實然的驚奇。雖然哲學家還是必然與人類事務的日常生活有疏離，但如果他們要成就真正的政治哲學，就必須將造成整個人類事務領域之人的複數性，包括它的偉大和悲慘，變成驚奇投射的對象。以聖經的話來說，哲學家必須接受的奇蹟——如同他們以無言以對的驚奇接受宇宙、人以及存在的奇蹟——不是神創造了大寫單數的人，而是「祂創造了男人和女人。」他們將必須在承認人性弱點之外，接受一個事實：「讓一個人形單影隻是不好的。」

柯恩按：本篇論文另有一個略作更動的版本，標題為〈哲學與政治〉，刊登在《社會研究》（*Social Research*）期刊，第五十七冊，第一號，一九九〇年春。

第2章

政治思想的傳統

The Tradition of Political Thought

我們說到傳統的終結，意思顯然不是在否認許多人依然按照傳統規範在生活，甚至有可能絕大多數的人都是如此生活著。問題是，自從十九世紀以來，每當面對具體的現代問題時，這傳統都保持令人費解的沉默，而政治生活，只要是現代化而經歷過工業化變革及普遍的平等，都不斷推翻原有規範標準。對歷史抱持悲觀主義的偉大哲人，已然感受到這種狀況，而最偉大的——雖然不是最戲劇性的——說法出現在布克哈特的著作中。更令人驚訝的是，第一個大難當頭的預兆出現在十八世紀，在孟德斯鳩以及不久之後的歌德，但那不是具體或嚴格政治意義上的預兆，而是與傳統延續性的斷裂已然逼臨。孟德斯鳩和歌德都不曾被指控為末世的預言者，但他們對於這個主題表達得相當清楚。

孟德斯鳩在《法意》中寫道：「大部分的歐洲國家依舊由習慣所統治。但如果透過長期的權力濫用，透過大規模的佔領，在某個時候專權制度會牢牢確立，沒有任何習慣或風氣可以抗拒。」孟德斯鳩懼怕十八世紀穩定社會的因素只會剩下習慣。根據他的說法，法律「統治著公民的行動」，因而使實體政治穩定，如同習慣使社會穩定，但他害怕那法律已經失去其效力。不到三十年後，歌德寫給勒維特[1]的信也有類似的語氣：「我們的道德和政治世界就像一座大城市，被地底下的道路、地窖、下水道給侵蝕了基礎，它們的銜接以及居住的條件，似乎沒有人會去思考或反省。但那些對此略有所知的人，如果在某個地方、某個時候，看到地層陷落，煙從某個洞隙冒出，或聽到奇怪的聲音，就會覺得這是很可以理解的現象。」這兩段話出現的時候，法國大革命還沒有發生，還要經過一百五十多年，歐洲社會的習慣才終於讓步，底層世界上升到地表，奇怪的聲音充斥文明化世界的政治音樂會。我想，只有到了那個時候，我們才可以說開始於十七世紀的現代，真正帶出了我們現在生活其間的現代世界。

習慣的本質就是要被常識所接受和吸收，藉由常識，個人具體而特殊的感官資料得以適應我們共同居住和分享的世界。在這普遍的理解下，常識意味著在複數性的人類狀況中，人會根據他人共有的感官資料來檢查並控制自己特殊的感官資料（看、聽和其他感官感知，屬於具有單一性的人之人類狀況，保證他可以用自己的眼睛看；因為就感知本身而言，他不需要同伴的存在）。常識顯然主要是在政治和道德的公共領域運作，不論我們說人的複數性抑或人類世界的共通性才是專屬於常識的能力範圍；而當常識與當然事實的判斷不再發揮功能，不再有意義時，受到傷害的就是公共領域。

從歷史角度看，常識的淵源和傳統都在古羅馬人。並不是說古希臘人和希伯來人缺乏常識，而是只有羅馬人加以發展，使它變成公共政治事務管理的最高判準。隨著羅馬人，回憶過往變成傳統的問題，也是在傳統感當中，常識的發展在政治面找到最重要的表現。從那時開始，常識便受到傳統的約束和滋養，當傳統規範不再有意義，不再提供普遍準則而統攝所有或大部分個例的時候，常識便不可避免地萎縮了。同樣地，過往——我們對於共有事物作為共同起源的記憶——也遭到遺忘的威脅。受到傳統束縛的常識判斷，從過往萃取和拯救出任何被傳統所概念化、**並且**依然可以適用於當前狀況的東西。這種「實用的」常識性的記憶方法，不需特別下功夫，它是在一個共同世界中作為我們共同分享的繼承物而傳遞予我們的。因此，常識的萎縮馬上造成過往面向的衰竭，引發漸進且無法抵擋的膚淺化發展，讓無意義籠罩現代生活的所有面向。

因此在很大程度上，正是傳統的存在造成這種危險的傳統與過往的同一化。這種

1 譯注：Johann Kasper Lavater，一七四一－一八〇一，瑞士神學家、詩人。

根植於常識的同一化，表現出來就是傳統範疇變得相當一致而且無所不包，尤其在面對許多改變，有時甚至是極端徹底的改變時。它不受古希臘的沒落和古羅馬興起的影響，羅馬帝國的衰亡到完全被基督教教條所吸收，也沒有中斷它的存在，有什麼比這更令人刮目相看的？儘管十八世紀和十九世紀的政治和工業革命挑戰了所有傳統的道德和政治標準，但我們經歷的過往所遭遇的徹底變化，大於現代開始以來所發生的一切——雖然在這件事情上我們可能是最糟糕的判官。如果我們以傳統這件事來衡量，而不是把傳統和我們歷史上的政治動盪相比較，那麼現代革命性的改變幅度，是迄今最為深遠的。

總括來說，這個傳統的終結顯然不是歷史或過往的終結。歷史和傳統是不同的。歷史有許許多多的結束和開始，每個結束都是新的開始，每個開始都終結了之前的東西。再說，我們多少可以確定傳統的年代時間，但是不再能夠確定歷史的時間。不到兩個世紀前，從一個確定的起點，譬如羅馬帝國的建立，或耶穌誕生之年，來記數世紀的舊有做法，因為由西元元年為基礎往前後計年的方式出現而被拋棄（參考庫爾曼，《耶穌與時間》〔Cullmann, *Christ and Time*, Philadelphia, 1950〕），此後，現代的歷史意識便開始了，並且也找到了確定性的表達——過去任何時代都很難說是否有過類似的這種意識。此作法的關鍵點，不再於以耶穌誕生作為世界歷史的轉折點（這種方式對於過去的世紀有較強大的力量和意義，而不會產生現代的計年法），而是過去和未來都引向了時間的無限性，我們可以往過去一直回溯，也可以往未來一直延伸。這種朝向無限性的雙重透視，密切呼應著我們新發現的歷史意識，不只反駁了聖經的創世神話，也消解了歷史時間是否有一個開始的這個更為古老而普遍的問題。就在這計年法中，現代為人類確立了一種潛在的世間之不朽性。

這個歷史只有相對而言比較小的一部分在我們的傳統中被概念化，其關鍵在於，不論任何經驗、思想或行為，只要不符合其事先規定的、從一開始就發展出來的範疇和標準，就會不斷面對被遺忘的危險。或者，如果這個危險透過詩和宗教而避免掉，那麼沒有被概念化的東西在哲學傳統內必定依然未見表述，也因此，不論它們是多麼光榮而虔誠地被記憶，也不具備那種直接而有形塑力的影響力；而只有傳統能夠將這種影響力一個世紀接著一個世紀地傳遞下去，連美的廣泛說服力和宗教虔敬心的穿透力都做不到。就我們的歷史而言，傳統的缺陷，在政治思想傳統比在普遍的哲學傳統還要明顯。我們可以輕易列出一長串西方人的政治經驗，至今在傳統政治思想中仍沒有一席之地，猶如無家可歸者。其中包括古希臘人早期，城邦出現之前的經驗，它存在於荷馬史詩的世界以及其對人類行為和事業之偉大性的理解，回應於古希臘的歷史書寫中。修斯提底斯在他作品的開頭說，他正在述說波羅奔尼撒戰爭[2]的故事，因為他認為這是「史上所知最偉大的運動。」希羅多德[3]之所以書寫，不只為了讓人類所成就的東西免於被埋沒，也是不讓豐功偉業、英雄事蹟沒有得到頌揚。讚美是必要的，因為人類行動很脆弱，在所有其他人類成就中，行動一向比生命更容易消逝，完全只能依賴詩人讚美或史家記述所傳遞的記憶而存在；而詩人和史家的作品，雖然尚未被視為比其所讚頌的功績更加偉大，但作品更具備永恆的特性卻是公認的。

英雄，是「偉大行動的執行者，偉大言論的發表人」，阿奇里斯就得到這樣的稱號，而英雄需要詩人——不是預言家，而是有特別洞察力的人——詩人天賦才華，在過往中看到值得在現在和未來敘述的事情。古希臘前城邦時期的過去，是希臘政治辭彙的源頭，這些詞彙現在還存在所有歐洲語言中；但在希臘城邦生活開始衰敗時出現的政治哲學傳統，卻不得不從城邦的角度去形構和分類這些較早的經驗；結果，現在用的「政治」，politics，一詞就是從這特定的政治生活形式所衍生，也指涉此生活形式，而這特定經驗則賦予這個詞一種普遍有效性。像archein（領導、號令）和prattein（行動、實踐）這類字的原始意義，只有最基本的痕跡被保留，於是不論我們知不知道，當我們談到或想到行動——行動畢竟是政治科學最重要、甚至最核心的一個概念——這時，心裡就會出現一套手段與方法、統治與被統治、利益和道德標準的範疇體系。這套體系的存在，是因為傳統政治哲學的肇始，但在體系中，開創事業以及將之貫徹到底的精神卻幾乎沒有任何空間，雖然這精神曾經為archein和prattein兩個字賦予生命。在古典希臘文中，archē只有兩個意思，「起始」和「統治」，但更早之前，它意味著發動者是事業的天生領導人，而這事業則必然需要追隨者的行動（prattein）而庶幾可成。

問題重點是，人類的行為理當擁有並展現自身特有的偉大性，就不需要任何「目標」，或最終目的，或甚至以此來替行為本身辯解。與前城邦的人類行為經驗最格格不入的，莫過於亞里斯多德對於praxis（行動）的定義，亞氏定義也變成整個傳統中最權威的定義：「就美與非美而言，行動本身的差別並不大，為了行為的緣故，差別主要還是在最後結果」（《政治學》vii 1333a9-10）。自然所給予、作為宇宙的一部分，包括宇宙本身，和因人而存在的人類事物，其間的差別不在於後者比較不偉大，而是後者並非永恆不朽。人的生命有限或人類事務的脆弱性，都還不是反對人類的偉大及其事

2 譯注：Thucydides，約西元前四五五－四〇〇，古希臘史家，撰寫發生於西元前四三一－四〇四年雅典聯軍和斯巴達聯軍的戰役，史稱伯羅奔尼撒戰爭。

3 譯注：Herodotus，約西元前四八四－四三〇／四二〇，被譽為「歷史之父」，出生於小亞細亞哈利卡納逑斯（Halicarnassus），後曾移居雅典城，最後定居希臘在義大利南方的殖民地圖里（Thurii）。所作《歷史》涵蓋希臘與波斯之間的征戰及眾多人物風土地誌，為西方史家第一人。

業潛在偉大性的有力說法。榮耀，這特屬於人類的不朽的可能性，是來自每件展露偉大性的事物。希臘史家們，包括修斯提底斯和希羅多德，因為其所賦予人類行為與事件的偉大性意義，都成為荷馬和品達[4]的傳人。他們在記錄應該為後代保留的事情、免於其消失於遺忘之時，關注的事物和現代歷史家並不相同，現代史家在意的是解釋事件，並呈現為一連串事件的連續。但古代史家如同詩人一般，為了人類榮光之故而述說故事；以此觀之，詩與歷史本質上仍有著同樣的主題，亦即人類的行動，行動決定了人類的生命，行動之中藏有他們的好運和厄運（參考亞里斯多德《詩學》vi, 1450 a 12-13）。人類偉大性只在作為和受苦中展現——這樣的意義在布克哈特的「歷史偉大性」概念中依然明顯，也往往出現在詩與戲劇當中。我們的政治思想傳統卻連想都沒想過，政治思想傳統在英雄的理想——「偉大行動的執行者，偉大言論的發表人」——之後開始，接著讓位給作為立法者的政治家，其功能不在行動，而是將永恆律則加諸變動中的外在環境和不穩定的行動者的事務上。

這個傳統從一開始就顯現與所有不合於其架構之政治經驗的隔絕——即便這些經驗就是他們自己最近的過往；由於隔絕，其字彙必須重新詮釋，而語詞被賦予新意義——這種隔絕依然是傳統最鮮明的特徵。此一排除所有不協調事物的傾向，發展成巨大的排外力量，使這傳統絲毫不受一切新的、矛盾的、衝突的經驗的影響。當然，傳統無法阻擋這些經驗的發生，或阻止它影響西方人實際精神生活的形塑。但有時候，影響反而更大，因為沒有相應的思想表達可以當做論證或重新考量的基礎，結果它的內容就被視為理所當然。我們對於傳統本身的理解就是最明顯的個案：它的根源在古羅馬，並且仰賴明確屬於羅馬之政治經驗的支撐，結果在政治思想史中幾乎沒有它的一席之地。

與希臘早期前城邦以及城邦時期經驗形成強烈對比的，是古羅馬的經驗，根據其經驗，政治行動存在於civitas（城市）的建立和保存。在某種意義上，基礎對未來世世代代形成約束力，具有神聖性，這樣的信念呼應了一種明確屬於希臘的政治經驗；我們由這經驗，由碩果僅存的希臘文學，得知它在希臘城邦的生活中必然扮演何等重大角色。那是殖民的經驗，公民離鄉背井、流浪尋找新的土地，以及建立一個新城邦的最終基地。這是《埃涅伊斯記》[5]所述說的受苦和流浪中始終存在的意義，受苦與

4 譯注：荷馬（Homer），西元前八世紀的詩人，相傳為史詩《伊里亞德》（*Iliad*）、《奧德賽》（*Odyssey*）的作者。品達（Pindar），約西元前五二〇－四四〇，斯巴達裔希臘詩人，以讚美奧林匹克等古代競技賽勝利者的詩歌傳頌當時及後世。

5 譯注：《埃涅伊斯記》（*Aeneid*），魏吉爾（Virgil）史詩，敘述特洛伊人戰敗後，在倖存的埃涅伊斯領導下出走小亞細亞，到義大利另闢國度的歷程。

流浪都有一個目標，結果是建立了羅馬城——dum conderet urbem（「從建城起」）——魏吉爾在史詩開頭就以一行文字總結這個結果：tantae molis erat Romanam condere gentem（i, 35）。「羅馬人的建立，歷盡艱辛，受盡甘苦」，羅馬詩人和史家不斷將這段文字傳述成羅馬歷史的開端，而透過《埃涅伊斯記》的建城立基傳說，羅馬人民將自身與希臘歷史連結起來，就像他們從希臘殖民地庫米（Cumae）學到字母一樣。這連結如此精確，我們必須對此表示感激，甚至對這樣一段歷史驚奇，它似乎從未忽略或遺忘任何被視為真正偉大的事物，也不曾讓它船過無痕而沒有產生後續影響。而羅馬人在吸收並未進入古希臘思想的希臘殖民經驗的同時，羅馬的歷史也融入非希臘的政治經驗，即家與家庭的神聖性——特洛伊戰爭中希臘人遭遇了這樣的經驗。它保留在荷馬對赫克特[6]的讚美、他與安卓瑪希的別離，以及他的死亡。赫克特的死不像阿奇里斯之死，不是為了個人永恆的榮耀，而是為了城市以及家業與家族成員的犧牲，簡言之是為了後來pietas這個字所包圍的一切，表示對家庭和城市所供奉的家神（the penates）的崇敬，這是羅馬宗教的實際內涵。《埃涅伊斯記》讀來就像赫克特注定要承受尤里西斯的運命，但漂流的結果不是回歸，而是一個新家的建立，此後有了家戶，也有了據地，而兩者皆被賦予強化的力量。

就是因為希臘的殖民經驗變成羅馬人的核心政治事件，因此羅馬城不同於城邦，它無法透過建立殖民地的方式來重複其奠基的過程。羅馬的建立依然是獨一無二、無法複製的：羅馬在義大利的旁系分支還是在羅馬的管轄之下，但沒有一個希臘殖民地是受到其母國城邦的管轄，整個羅馬歷史的基礎就是，以開城立基（foundation）作為永恆開端。為了永恆而建的羅馬，今天對我們而言依然是大寫的永恆之城。對這個龐大的、近乎超人性的，也因此充滿傳奇的開城立基工程的聖化，這新的家業和家庭的建立，變成羅馬宗教的奠基石，而在羅馬宗教中，政治和宗教活動是合而為一的。用西塞羅[7]的話來說：「人的德性中，沒有什麼比建立一個新的城市（civitas），或保存一個已經建立的城市，更為接近的諸神的聖道（numen）」（《論共和國》〔*De res publica*〕vii, 12）。宗教是保全基業的力量，藉由提供居所給予人中諸神而達成。羅馬諸神安居於羅馬的神殿中，不像希臘眾神，雖然是人類城邦的保護者，或也暫時逗留在人類世界，但總會回到祂們在奧林帕斯山上的家，遠離凡人的家。

以建城立基為基礎的羅馬宗教，把保存祖先——maiores，意為更偉大的人——所

6 譯注：Hector，小亞細亞特洛伊王國的王子，也是特洛伊戰爭中的著名英雄，後死於希臘戰士阿奇里斯之手。

7 譯注：Cicero，西元前一〇六－四三，羅馬政治家、律師、古典學者、修辭學家。羅馬共和制度的擁護者。著作繁多，但除了作於西元前四四年的《論責任》（*De Officiis*），他並不強調自己著作的原創性。

留傳下來的一切，當成自己神聖的義務。傳統因此變得神聖，不只遍及羅馬共和國，更不受共和國轉變成帝國的影響，繼續存在。它保存權威，並加以流傳，權威的基礎則在於那些見證過神聖開城立基過程的祖先們的證言。宗教、權威，以及傳統，因此變得無法分割，表達了一個權威開端的神聖約束力，而人又透過傳統的力量和這個這開端緊密結合。羅馬帝國主導下的pax Romana（羅馬和平）傳佈了最後成為西方文明的東西，所及之處，羅馬式三位一體就會生根，並連同羅馬人指涉人類社群的societas的觀念，societas是在善良的基礎上結盟的人，也就是socii，共同生活之謂。但羅馬精神的全部力量，或者說足以支撐政治共同體建立的基礎力量，只有在羅馬帝國衰亡後才展現；隨著羅馬帝國衰亡，新的基督教會變得非常「羅馬」，它將耶穌的復活重新詮釋為另外一個永恆體制將賴以建立的奠基石。透過羅馬天主教的建立而重複羅馬的建城立基，羅馬這偉大的宗教、權威、傳統的政治性三位一體，便得以被帶入基督教的世紀，進而造成單一體制長生不滅的奇蹟，而這種奇蹟只有古羅馬的千年歷史可堪比擬。

基督教會作為一個傳承羅馬政治化宗教概念的公共體制，竟能克服基督教信仰在《新約聖經》中明顯可見的強烈反體制傾向。甚至在羅馬帝國衰亡之前，教會就接受君士坦丁大帝的號召，為傾圮中的帝國贏得「全能上帝」的保護；教會已經有了一個自己的傳統，奠基於福音書中所敘述之耶穌的畢生行誼。從那時候起，教會的奠基石不只是基督徒對神的律法之信仰，或猶太人對此律法的服從，更是autores（述作者）的既有證言，只要將之作為傳統代代傳下來（tradere），就會衍生自己的權威。教會的角色是羅馬帝國的新保護者，使根本上為宗教、權威和傳統的羅馬三位一體不受破壞，它終能成為羅馬的繼承者，提供人們「一種在基督教會全體中的公民感，那是羅馬或行政當局都再也無法提供給他們的」（貝羅，《羅馬人》〔R. H. Barrow, *The Romans*, 1949〕p. 194）。羅馬公式可以延續至基督教中世紀不受動搖，這也許是羅馬精神最大的勝利，而其方法僅是將羅馬帝國的基礎換成天主教會的基礎。宗教改革打斷這個傳統，但卻不是永遠，因為它只挑戰了天主教會的權威，而並未挑戰宗教、權威、傳統的三位一體。這個斷裂導致幾個「教會」的產生，不再是單一「天主教會」，它沒有、也無意願消滅這個宗教——此宗教的基礎在於那些見證過奠基之獨特歷史事件者的權威，而他們的證言又透過傳統而再生、延續。然而，從那時起，宗教、權威、傳統三者其中任何一者的中斷，都不可避免伴隨著另外兩者的式微。沒有宗教信仰背書，權威或傳統都將不保。沒有理解與判斷的傳統工具支持，宗教和權威也將搖搖欲墜。認為體制化宗教的衰落和傳統連續性的中斷，不會對權威的存在造成任何影響，這是政治思想中權威主義潮流的錯誤。現代初始，三者一同隕落，當時對於立基於遙遠過去的神聖性的舊有信仰，讓位給進步的新思想，相信未來是一個無止境的進步過程，其無限可能性再也無法與任何過往的立基經驗相連，但也只能被新的基礎抑制和消磨在其有限的潛在性當中。

當理解行動的模型從家常生活的私人領域取出，轉置到行動發生的公共─政治領域——這裡的行動，更適當地說，是只在**人**與**人**[8]之間進行的活動——此時會產生一個不可避免的結果，也就是前面提到的，行動轉化為統治與被統治，亦即轉化為發號施令者和執行命令者。將行動視為命令的執行，進一步變成在政治領域區分成**知道**的人和**做**的人——這區分一直內含於統治權的概念裡，正是因為此一概念早在可用普遍政治經驗加以解釋之前，就透過哲學家的特殊經驗而進入了政治理論當中。在古代政治體制的衰敗與毀滅中，統治的欲望和政治的需要同時發生，但在那之前，統治的欲望若不是表現在暴君專制的意志，就是哲學家無能使自己的生活和關懷融入公共─政治領域的結果；而哲學家如同所有其他古希臘人，認為公共政治領域是人類特有的可能性得以充分展現的地方。我們在柏拉圖那裡找到的統治概念，在後來的政治思想傳統中變成權威概念，它有兩個不同的源頭，皆基於私領域經驗。一是柏拉圖和其他希臘人共有的經驗：統治主要是針對奴隸，表現在命令與服從的主奴關係。另一個源頭是哲學家成為城邦統治者的「烏托邦」需求，換言之，是將那些只有在獨處時才能感知的「觀念」強加於城市之上。這些觀念無法以傳統的說服方式，也就是古希臘人在城邦中贏得聲望和主導地位的方式，來傳達給大眾，因為觀念的啟示和感知是完全無法透過言說而溝通的，更無法透過那種以說服為特徵的言說方式。

立基的經驗對後世造成極為深遠的影響，不只影響我們的法律體系，更重要的是影響宗教和精神史的歷程，然而如果不是由於十八世紀法國和美國的革命，其政治意義就會散失。法國和美國大革命，並非如馬克思所說，是穿著羅馬古裝上演的，實際上是復興了羅馬對西方歷史的根本貢獻。不管「革命」這個詞曾經在人們心中點燃的熱情為何，都是衍生自對於立基偉業的敬畏之情，不過，雖然羅馬對於我們的傳統和權威概念有絕對影響，立基經驗卻對西方政治思想傳統幾無影響，原因很弔詭地在於羅馬對建城立基的景仰，不論基地何在。希臘哲學雖從未被全然接受，有時候還遭到激烈反對，比如西塞羅的批判，但希臘哲學卻將其範疇加諸政治思想，因為羅馬人視之為唯一適當的、因此也是永恆的哲學基礎；就像如他們要求羅馬的建城立基被認可

8 柯注：參考鄂蘭《責任與判斷》(*Responsibility and Judgment*, ed. J. Kohn, New York: Schocken Books, 2003, pp. 12–14. 中文版：蔡佩君譯，左岸文化，二〇一六，第六七－六九頁)，其中「人」，person，由per-sonare衍生，意思是「聲音穿透」一個公共的面具。在本文裡，「person」為古羅馬之意涵，指涉公民權利與義務的背負者。

為世界唯一適當且永恆的政治基礎。西方文明中我們稱為傳統的東西，和原始民族受到傳統束縛的社會，或亞洲古老文明的亙古不移，如果相信他們都是一模一樣的東西，那是不對的；雖然傳統的斷裂帶動了傳統社會的衰微，也將此衰微播散於全世界。雖然希臘文明或許會透過亞力山卓城學者的努力，以一種沒有約束力、不強求的方式保存下來，但沒有羅馬將立基經驗神聖化，成為獨特事件，那麼希臘文明，包括希臘哲學，就不會變成一項傳統的基礎。我們的傳統，正確而言是從羅馬人接受希臘哲學為不容質疑、具權威約束力的思想基礎開始，使得羅馬能夠發展出一種哲學，甚至政治哲學，並因此未對其本身特有的政治經驗做出充分的詮釋。

以下問題雖然不是我們直接關注的問題，但可以順便一談，那就是羅馬對傳統的看法，其影響對於哲學史好像不如對政治思想史那樣具有決定性。哲學不同於政治，在政治上，傳統、權威、宗教的三位一體是真正奠基在建城立基的經驗以及城市的保存；但哲學可以說本質上是反傳統的。這是柏拉圖本人的理解，如果我們相信他自己的陳述的話；他說哲學的起源在thaumadzein，「感到驚奇，詫異，並容受這樣的感覺，那就是哲學家的工作」(mala gar philosophou touto to pathos, to thaumadzein; ou gar allē archē philosophias hē hautē，出自《帖艾提多篇》155d），這段話後來亞里斯多德幾乎逐字照錄，但給予不同的詮釋（參見《形上學》i, 982b9）。傳統的主要功能是將問題通導到預先決定的範疇，藉此來解答所有問題；可以確定，當柏拉圖說哲學的起源是對一切事物都有驚奇之感，他並未察覺傳統竟然可能威脅到哲學的存在。但這個威脅暗含於當代哲學家如萊布尼茲和謝林，而顯見於黑格爾：他們宣稱哲學起源於一個無法回答的問題：究竟何以有事物之存在，而不是什麼都沒有？荷馬在好幾世紀中都被認為是「所有希臘人的教育者」，而柏拉圖對於荷馬的暴力詮釋，對我們來說，仍然最為壯闊地象徵了一個對過往有所察覺、但絲毫未感受傳統的約束性權威的文化。與此略有近似者，居然是在古羅馬文學中。但如果羅馬的傳統感沒有一直受到希臘哲學的限制，哲學會變得如何？這或許可以在西塞羅的一句評論中看到。這句話出現在他的一本所謂的哲學著作——在一個不太重要的地方——他說：「哲學家懷疑連農夫都不覺奇怪的地方，不是丟臉嗎？」（《論責任》iii, 77），但對每個人都視為理所當然的日常生活事情產生懷疑，不就是哲學家最不受歡迎的任務；又好像不屬於生命和世界之自明性（Selbstverständlichkeiten，借用康德之詞）的東西，才值得人從哲學角度加以懷疑或反思。但哲學真正最偉大之時、最偉大之處，就是它甚至必須切斷自身的傳統，但這話對政治哲學卻不是如此；結果，政治哲學比西洋形上學的任何一個支脈都還要受到傳統的約束。

就西方人實際政治經驗的範圍來看，我們傳統的缺陷表現最明顯之處，就在基督教早期核心政治經驗的經院哲學那種沉默的棄絕。奧古斯丁變成了新柏拉圖主義者，湯瑪斯．阿奎納變成新亞里斯多德主義者，他們的政治哲學就只是從福音當中擷取那些符合柏拉圖式二分法的特徵，分出「地上之城」（civitas terrena）與「上帝之城」（civitas Dei）的對立；而柏拉圖式二分法是人類事務「洞穴」中的生活和「觀念」的真理光芒內的生活；或將「行動的生命」（vita activa）和「沉思的生命」（vita contemplativa）對立，這是衍生自亞里斯多德式的差序，即「政治生活」（bios politikos）不如「省察的生活」（bios theōrētikos），因為只有觀看（theōrein），才會產生知識，有自己的尊嚴，而行動總是為了達到某種目的。我這麼比較，不是要否認這些二分法其實在基督教哲學內取得完全不同的意義，也不是否認「上帝之城」和「沉思的生命」的內容與古代哲學中的前輩很少有實質的類似。重點在於，任何經驗若不符合這些柏拉圖和亞里斯多德政治哲學中劃出的二分法，就根本不會進入哲學理論的領域，而是與宗教領域結合，然後逐漸失去所有對於行動的意義，到了世俗主義興起，終而歸於虔誠的平庸。

很鮮明的例子是，拿撒勒的耶穌從一個複雜的人類行動所歸結出來的大膽且獨特的結論，而這個人類行動困擾著古代政治的考慮，同時也糾纏著現代歷史的思量。人類行動充滿不確定性，因為我們一開始行動，就進入相互關係以及相互依賴的網絡，但在其中我們從來不是很了解自己在做什麼；古代哲學反對認真看待人類事務，而人類行動的不確定性就是其最主要論證。後來，這種不確定性產生了所有眾所周知的陳述：行動的人是在錯誤和無可避免的罪惡網絡中運作。中世紀：哲學就已經在波舒埃[9]的話語中看到天意的撥弄，他說：「沒有一種人類力量不是違背著自己的意志，推動非其自身所計畫的計畫」（《普遍歷史論》iii, 8），現代世紀的基督教哲學更是如此相信；而在康德和黑格爾那裡，需要某個在人類背後運作的秘密力量，某種「自然的計謀」或「理性的狡猾」，像天降神蹟[10]，即便不知道他們在做些什麼、且老是把事情搞砸的人類所造出來的歷史，那秘密力量還是可以解釋這樣的歷史，讓它變得有意義，也仍可以建構出一個傳達意義的故事。這個「較高力量」支配著行動的人，使人類行為相對有如操控魁儡懸絲的神手下的玩具在移動（柏拉圖《法律篇》vii, 803），或上天授意的計畫行動；與傳統所關注的這類「較高力量」相對立的，是一種立即的政治興趣，希望在人類行動本質中找到補救方法，以保護人類的共同生活不會受到根本的不確定性和不可避免的錯誤及罪惡所干擾。耶穌在人類寬恕的能力中找到補救方式，也是基於同樣的見解，即行動中的我們從來不知道自己在做些什麼（路加福音23:34），

9 譯注：Jacques-Bénigne Bossuet，一六二七－一七〇四，法國主教、神學家，曾任宮廷教師，擅長演說，是專制政治和君權神授的倡議者。《普遍歷史論》（*Discours sur l'histoire universelle*）為其名著。

10 譯注：古希臘羅馬戲劇中的舞台機關，以便天神降臨，逆轉無法解決的局面。

而既然只要活著就無法停止行動，我們就不能停止原諒（路加福音17:3-4）。他甚至明確否認寬恕是上帝的特權（路加福音5:21-24），並大膽認為上帝對於人類之罪的慈悲，最終或許是取決於人類寬恕他人侵害行為的意願（馬太福音6:14-15）。

寬恕是人與人之間的基本關係，這樣的概念中包含著偉大的膽識和獨特的自尊，但大膽和自尊之處，不在表面上將罪惡和錯誤的災難翻轉為寬大為懷或團結的美德。寬恕是嘗試做到看似不可能的事情，解除已經造成的結果，並且在似乎不再可能開創新局的地方，成功打造一個新的開始。人們不知道自己對他人做了什麼，可能出於好意，但出現壞的結果，或者反之，但人們還是渴望在行動中完成意圖的結果，以展現他們在與自然及物質事物交涉過程中主宰者的地位，而這一直是古希臘以來悲劇的主題。傳統從未忽略所有行動中這個悲劇的成分，也不會不了解，寬恕是人類最偉大的美德之一。只有在工業革命後巨大科技成就的狂亂巨流之下，製造的經驗才取得絕對的優勢地位，以至於行動的不確定性完全被遺忘；於是大家開始談論「創造未來」以及「建立並改善社會」，好像在說製造桌椅或修房造屋。

在政治思想傳統中遺落、而只在對homines religiosi（信教之人）有效的宗教傳統中才再度復活的，是作為（doing）與寬恕（forgiving）的關係；這個關係是構成行動者彼此交流的元素。行動者的交流，正是耶穌的訓誨中政治層面的新意，不同於其宗教面。（寬恕性所找到的唯一政治性表述，是全然負面的權利，即赦免的權利，那是文明國家元首的特權。）行動的主要意義在於建立嶄新的開始，它具有自我打擊的特性，會形成一連串不可預測的結果，而那後果會將行動者永遠串聯在一起。每個人都知道自己是這一連串後果中的作為者和受害者，古代人稱行動的一連串後果為「命運」，基督徒稱為「天意」，現代人則傲慢地將之貶低為僅僅是機運罷了。寬恕是唯一嚴格定義下的人類行動，可以將我們和他人從所有行動都會產生的後果模式中釋放出來；如此這般，寬恕的行動保證了每個人身上行動能力的連續性，重新開始的能力，而如果沒有寬恕和被寬恕，人就會像童話中人，實現了一個願望，然後因為那個願望的實現而永遠受到懲罰。

我們對傳統和權威的認識，源自立基的政治作為，前面提到，這作為只存留在於十八世紀的偉大革命中。哲學對於人的定義，有少數不只循著亞里斯多德模式將共同生活在互賴關係中的人納入考量，也考慮到人作為行動的存在；但這些少數的定義卻是在政治哲學的脈絡之外產生，即使該作者剛好也是在討論政治。最著名的例子就是奧古斯丁的偉大名言：Initium ut esset homo creatus est ante quem nemo fuit，「一個開始出現了，人被創造了，在他之先更無其他人」，這句話將行動，即肇始的能力，聯繫到一個事實，即每個人就本質而言已經是一個新的開始，從前不曾出現，世上其他地方也不曾看見。但人作為起始的這個概念，對奧古斯丁的政治哲學或是他對於「地上之城」的理解一直無足輕重。康德認為人的心靈活動有自發性，那是開展新思路的能力以及形成綜合判斷的能力——也就是說判斷既不是從既有的事實推論出來，也不是由外加的規則推導出來；但他從來不認為心靈活動之為自發性的觀念，和他的政治哲學可能會有任何關聯。康德如同奧古斯丁，在擘劃其政治哲學綱領時，就好像那是一套他完全不曾想過的思想。這種不相容性在尼采那裡可能表現得最明顯。尼采在討論權力意志（will to power）的時候，曾經將人定義為「做承諾的動物」，但從未察覺，這個定義幾乎比其哲學任何其他正面成分包含了更多真正的「一切價值的重新評估」。11

為什麼政治思想傳統從一開始就忽略了人之為一個行動的存在，當然有原因。哲學對人的兩大定義，人作為「理性動物」（animal rationale）和作為「造物的人」（homo faber），其特徵就是這種遺漏。兩者對於人的描述都好似人是單數的存在，因為我們能夠在人類單一性（oneness）的狀況下設想理性和製造。政治思想傳統對於人類複數性的思考，有如這概念暗示的不過是理性存在的總和，而他們因為某種重大的缺失，被迫要生活在一起，並形成一個政治體。但是沒有進入傳統的三種政治經驗，其實具有特別意義，它們分別是：古希臘前城邦時期，啟動新事業的行動經驗；羅馬建城立基的經驗；以及基督教行動與寬恕相連的經驗，也就是了解到行動的人必然隨時準備寬恕，而寬恕的人其實是在行動。這三個經驗有特別意義，因為這三者即使被政治思想所忽略，還是和我們的歷史息息相關。它們都以很根本的方式涉及了人類處境的特徵：即人類的複數性有別於上帝的單一性，不論後者被理解為哲學的「觀念」或一神論宗教人格的上帝。

「創世紀」中的文字暗示了人類的複數性，它告訴我們不是上帝造人，而是「祂創造了男人們和女人們」（male and female created He *them*）；這種複數性構成政治領域。如此創造的意義，首先，是沒有任何人以單數**存在**，這為行動和言說賦予具體的政治意義，因為這兩種活動是唯一不只受到複數性事實的影響——如同所有人類活動——也是除了複數性之外完全無法想像的活動。設想在人類單一性的條件下建立一個實實在在人造的人類世界，是有可能的，而柏拉圖確實也感嘆，世界上不是只存在一個人，而是許多人。他感嘆某些「事情本質上是私人的，像眼睛、耳朵、手，」這些妨礙了將許多人併入到一個所有人都像「一者」那般生活和行為的政治體的企圖（《法律篇》

11 柯注：《道德系譜學》（*The Genealogy of Morals*, II, 1-2）。參考鄂蘭，《人的條件》（*The Human Condition*, Chicago: University of Chicago Press, 1998, p. 245 and n. 83. 中文版：林宏濤譯，商周出版，二〇一六）。

v, 739）。柏拉圖在無言、不動的思想端設想此「一者」，也就是將真理理解為可以上達於「觀念」或神的單一性的至高可能衡量標準。但存在於單數中的行動或言說，是無法想像的。其次，複數性的人類條件既非根據單一模型（或柏拉圖所說的eidos，理型）而製造出來的客體的複數，也不是單一物種變化出來的複數。就像沒有本然的人之存在，只有男人和女人，他們相同之處在於其各自絕對的殊異性（distinctness），也就是**人性**（human）；同樣的，這種共享的人類相同性是一種**平等**（equality），而這平等性又只展現在彼此平等者的絕對區別上。這樣的情況下，即使看起來一模一樣的雙胞胎，也總會引發我們內心某種驚奇。所以，如果行動與言說是兩種顯著的政治活動，殊異性和平等性就是政治體的兩個構成元素。

第3章

孟德斯鳩對傳統的改寫

Montesquieu's Revision of the Tradition

孟德斯鳩在《法意》[1]一書中將政府[2]形式歸納為三種——君主、共和、專制——並同時提出全新的區分方式：「Il y a cette différence entre la nature du gouvernement et son principe que sa nature est ce qui le fait être tel, et son principe ce qui la fair agir」（III, 1），也就是說，政府的性質使其為其所是，而原則使之行動、運作。孟德斯鳩解釋，他所謂的「性質」是「特定的政府結構」，而「原則」，我們很快會知道，指的是使體制活躍、有生氣的東西。孟德斯鳩對性質、本質或特定政府結構的描述，並無新意，但他觀察到，光有這個結構本身可能會完全無法行動或

1 譯注：Montesquieu，一六八九－一七五五，法國政治哲學家。論者將《法意》（*L'Esprit des lois*）一書與亞里斯多德《政治學》相提並論，謂其啟發了人權宣言與美國憲法。

2 譯注：government，視上下文而譯為廣義的「統治」或狹義的「政府」。

運作。[3]每個政府以及生活在不同政府體制下的公民，他們的具體行動是無法根據傳統的兩大概念支柱來解釋的：這兩大支柱分別是對權力的定義，即根據權力區分統治者和被統治者；以及對法律的定義，即把法律視為對上述權力的限制。

這種奇怪的不動性（immobility），就我所知是孟德斯鳩第一個發現的；不動性的原因在於，政府的「性質」或「本質」，若以最原初的柏拉圖式意義來說，其定義意指永恆（permanence），而在柏拉圖尋找最佳政府的時候，這種永恆可以說變得愈加永恆了。他認為最佳統治形式理所當然也是最不會因為人類環境不斷變動而改變或牽動。專制政體是最糟糕的統治形式，對孟德斯鳩而言，最主要證明仍在於專制政體最容易從內部被破壞——它會因其內在特質而衰亡，而其他統治形式的毀滅主要都是透過外在環境。柏拉圖只在《法律篇》——卻不是在《國家篇》也不是在《政治家篇》——當中思考法定性（lawfulness），認為城市的法律可設法制定成能防止任何可能的政府倒行逆施，這是他唯一納入考慮的變動。但是孟德斯鳩知道，法定性只能限制行動，無法激發行動。一個自由社會的法律偉大之處，在於它從不告訴我們應該做什麼，只告訴我們不能做什麼。換言之，正是因為把政府的法定性當做起點，孟德斯鳩才知道，除了法律和權力，統治還需要其他東西，才能解釋生活於法律之牆內的公民實際而經常的行動，也才能解釋「精神」上明顯彼此互異之政治體的表現。

孟德斯鳩據此提出了三種行動原則：在共和政體中是美德激發行動；在君主政體是榮譽激發行動；在專制政體則是恐懼導引所有行動，也就是臣民對專制者的恐懼，對彼此的恐懼，以及專制者對其臣民的恐懼。君主政體下的臣民的驕傲感，在於力求殊異表現並接受公開的**榮譽**，而共和國公民的驕傲感，是使自己在公共事務上表現不要比他的同胞更突出，那是他的**美德**。這些行動原則不能錯認為是心理動機。更該說是行動指導判準，公共領域的所有行動是透過這些判準加以評斷，而不是單以法定性的負面尺度來判斷；這些原則和判準也激發統治者和被統治者的行動。美德是共和政體中的行動原則，這並不表示君主政體的臣民不知美德為何，或共和政體中的公民不知榮譽為何。而是表示公共和政治領域彼此激勵，以至於共和政體中的榮譽或君主政體中的美德，多多少少變成是一種私人的事情。更表示如果這些原則不再有效，或者如果原則失去其權威，使得共和政體中的美德或君主政體中的榮譽不再被信服，或者如果專制政體中的專制者不再害怕其臣民，或臣民不再彼此害怕，也不怕壓迫他們的

3 柯注：鄂蘭當然知道，也在與本文所從出的同一份手稿的其他地方清楚說道，孟德斯鳩的「名聲穩穩地奠定在他所提出的政府三部門：行政、立法、司法三權；這偉大發現與權力**並**非不可分割，而這三者完全不具任何暴力的意涵。」但她的重點是，「對於孟德斯鳩而言，政府的這三部門代表著人類的三種主要活動：法律的制定、決定的執行以及伴隨著兩者的判斷。」

人，那麼每一種形式的政府都等於走到窮途末路了。

孟德斯鳩對於各種政府的性質和行動原則的觀察並沒有系統，有時也流於散漫，但在這樣的觀察下卻有著對歷史文明統一性的深刻見解。他的 esprit général，普遍精神，把政府結構和與其相應的行動原則相結合，變成十九世紀歷史科學和歷史哲學背後的觀念。赫德提出的「民眾精神」，Volksgeist，如同黑格爾的「世界精神」，Weltgeist，就顯示這一世系的軌跡。但孟德斯鳩對行動原則的原創發現比較不是形上學的，而是對政治的研究較有幫助。從這裡產生美德和榮譽的起源的問題，回答這個問題，孟德斯鳩無意間也解答了：為何在這充滿如此多激烈變動的漫長歷史中，被認為勝任的政府形式這麼少。

孟德斯鳩說，美德源自對平等（equality）的愛，而榮譽來自對殊異表現（distinction）的愛，來自於非此即彼的「愛」，這兩者是複數性的人類處境中最根本而相互關聯的兩種特徵。可惜，孟德斯鳩沒有告訴我們，專制政體中激發行動的原則，恐懼，是從人類處境當中的什麼面向所產生。不論如何，孟德斯鳩認為這種「愛」，或我們說的行動原則之所從出的根本經驗，銜接了表現在法的精神當中的政府結構以及其政治體的行動。平等的根本經驗在共和法律中找到充分的政治表達，而對平等的愛，所謂的美德，激發了共和國中的行動。君主政體的根本經驗，包括貴族統治和其他階層式政府形式，在於我們人生而有別，因此都力求與眾不同，顯示自己天生獨特性或社會地位的殊異處；榮譽就是那殊異性，君主政體藉此公開認可其臣民的殊異處。在這兩種情況中，我們都面對我們與生俱來的特性：我們生而平等，平等的地方在於都有自己絕對的殊異性，每個人也都絕對和他人不同。

共和政體中的平等不同於上帝之前人人平等，也不同於凡人都將一死的共同命運（兩者和政治領域都沒有立即的關係或重要性）。公民權曾經是基於奴隸制條件下的平等，以及並非所有人都一樣是人的古代集會。反過來說，好幾世紀以來基督教會一直不太關注奴隸制度的問題，而是堅守上帝之前人人平等的信條。政治上，生而平等意味著力量的平等，不受其他差別的影響。因此霍布斯能夠將平等定義為有相同的殺人的能力，同樣的概念也蘊含在孟德斯鳩自然狀態（state of nature）的觀念，他將之定義為「對所有人的恐懼」（fear of all），相對於霍布斯原創的「所有人對所有人的戰爭」（war of all against all）的觀念。共和國的政治體所倚賴的是力量均等者的群聚同在，而支配其政治生活的美德，是不須獨處於世的喜悅。單獨一人意味著沒有同等者的存在，就像中世紀的一則童歌：「一個人是一個人，完全一個人，永遠都如此」，大膽指出人有什麼景況可被設想為**一個**上帝的悲哀。只要和與我平等的人在一起，我就不會孤單，在這個意義上，對於平等的愛——孟德斯鳩稱為美德者——也是對於作為人而不是神的感恩。

君主制或貴族統治的殊異性，也只有因為平等才有可能，無之，則殊異性甚至無法被衡量。但它所依賴的根本經驗，是每個人之獨特性的經驗，在政治領域只能藉由和其他人比較而顯現出來。當行動原則是榮譽的時候，則激發引導政治體活動的是去提供每個臣民發揮自我的可能性，使每個人變成前無古人後無來者的獨特個體，並在其階層中獲得認可。君主制政府的具體優勢是，個體絕對不會遭遇到由「所有其他人」構成的、沒有特色、無法分辨的群眾，個體面對那樣的群眾只能糾集到一個人的窮極少數。以平等為基礎之統治形式的具體危險，在於法定性的結構可能被消耗殆盡，而權力的平等性必須在這架構當中取得意義、方向和限制。

不論政治體是奠定於平等的經驗或殊異性的經驗，共同生活和行動似乎都是唯一的人類可能性，而自然所賦予的力量在其中可以發展成權力。人雖擁有力量，但在孤獨的時候基本上是無力的，甚至無法發揮力量，建立一個可以讓自己變得有力的生存領域，自然、上帝、死亡，也都辦不到。孟德斯鳩何以忽略而沒有告訴我們專制政府的恐懼來自何種根本經驗，原因就在於他就像整個傳統一樣，根本不認為專制政體是一個真正的政治體。恐懼作為公共—政治行動的原則，和無力感的根本經驗有密切關聯，我們都認識這種無力經驗，一種不論什麼緣故感覺無法行動的情境。這種經驗是很根本的——就像專制政體屬於基本的統治形式——原因在於所有的人類行動都有限制，同樣，人類能力的所有可能性也有其限度。從政治角度而言，恐懼（我說的不是焦慮）是當我的能力觸及行動可能性的極限時，對於無力狀況所產生的絕望。每個人的生命遲早都會經驗到這些極限。

因此確切而言，恐懼不是行動的原則，而是一般世界內反政治的原則。根據傳統理論，專制政體的恐懼，一者是來自倒錯的民主——當法律被破壞，致使一個人的能力掩蓋了另一個人的能力，而其意圖是限制那些被視為平等者的力量；或者因為專制者透過暴力僭越奪權，並弭平法律的邊界。這兩種狀況中，無法律狀態（lawlessness）不只意味著由人共同行動所產生的權力不再可能存在，也意味著無力感可以是人為的。由於這普遍的無力狀態，恐懼產生，恐懼又引發專制者宰制其他所有人的意志，以及其臣民願於接受宰制的準備。如果美德是對於平等分享權力的愛，那麼恐懼就是來自無力感的權力意志，包括宰制的意志和被宰制的意願。但由於恐懼而產生的權力飢渴永遠無法被滿足，因為恐懼和相互的不信任使得柏克[4]說的「一致行動」（acting in concert）變得不可能，於是專制政體雖然持續存在，卻逐漸力疲勢竭。專制政體毀滅

4 譯注：Edmund Burke，一七二九－一七九七，英國自由派政論家，曾任國會議員，積極參與英王喬治三世時的憲法辯論，主張政府的組成要由全國人民透過國會來決定，並認為參與政治不是謀一己之私，必須只追求和整體利益相符的合理的自身利益。

了人的共存共在（togetherness），因此注定失敗：透過將人彼此隔絕，專制政體試圖破壞人類的複數性。此種政體奠基於一個根本經驗：我是完全單獨一人的，注定無助（如埃皮克泰圖斯[5]所定義的孤獨），無法獲得同伴的幫助。

5 譯注：Epictetus，約五五－一三五，少時為奴隸，曾設法參與伊比鳩魯學派哲學家的講課。後成為自由人。學說由學生集為《談話錄》。

第4章

從黑格爾到馬克思

From Hegel to Marx

一

從黑格爾到馬克思，只有一個本質的差異，雖然也是一個釀災致禍的差異，那就是黑格爾只將他的世界史觀投射在過往（the past），而其歷史的完成逐漸消失於現在（the present）；但馬克思以「預言」方式反向將其史觀投射於未來，而現在只是一個跳板。不論黑格爾對於現下狀況的滿足有多麼令人難以接受，他的**政治**直覺卻是正確的：他把自己的方法限制在純粹思考性的語言所可以理解的事情上，而不用這種方法為政治意志設定目標或促進未來的進步。但由於黑格爾必然要將現在理解為歷史的終結，從政治角度觀之，他已經推翻、違背了自己的世界史觀，而馬克思又利用這史觀幫助他將真正致命的反政治原則導入政治當中……。[1]

1 柯注：《思想日誌》一九五一年四月。

馬克思對黑格爾的反駁：世界精神的辯證不是在人的背後狡猾進行，利用那看起來出於人本身意志的行為去達成自己的目的；那辯證是人類行動的形式和方法。只要世界精神是「無意識的」，亦即只要辯證法則一直沒有被發現，行動就會以事件的樣態呈現出來，而「絕對」在事件中揭顯自身。一旦我們放棄偏見，不再以為某種「絕對」是透過我們從背後顯現，**並且**，一旦我們也認識了辯證法則，我們就能實現絕對。[2]

二

黑格爾和馬克思的作品立足於偉大西方哲學傳統的終點，但彼此間也有著奇特的對立和呼應。黑格爾對馬克思來說是所有前行哲學的體現，馬克思形容他的脫離黑格爾是一種倒置，就像頭朝下把一切倒過來，如同尼采將他的「價值重新評估」定義為柏拉圖主義的翻轉。這些自我詮釋引人注意的地方在於，必須先接受一套既有的、給定的東西，然後只能在其中進行倒置和翻轉。「價值的重新評估」將柏拉圖式的價值**差序**（*hierarchy* of values）倒轉，但沒有踏出這些價值的範圍之外。馬克思也是同樣的情形，他採納黑格爾的辯證法，但是將歷史進展的開端設定在物質，而不是心靈。比較一下馬克思和黑格爾對歷史的中心表述，就足以讓我們看出兩者的歷史概念根本上是類似的。

但翻轉和倒置也有絕大的重要性，暗示傳統價值差序的建立，如同尼采所言，是獨斷或任意的，甚至內容也是，雖然不必然如此。傳統的終結似乎是從傳統權威的瓦解開始，而不是始於對其實質內容的挑戰。尼采以其無可匹敵的簡鍊語彙，稱這種權威崩潰所造成的結果是「帶有視角的思考」(perspectival thinking)，也就是能夠在傳統脈絡中任意移動的思考——如此，先前被視為真的一切，現在發現都有其視角，相對於它，必然也可能有許多同樣具合法性、同樣有創發力的視角。

這種「帶有視角的思考」，馬克思主義實際上也引進到所有人文研究領域。具體政治意義上的馬克思主義，很少正視馬克思對於人文科學的絕大影響。那影響和庸俗馬克思主義(vulgar Marxism)方法沒有任何關係，而馬克思本人從不曾使用過；該種方法從生產過程的物質外在環境解釋所有政治和文化現象。馬克思觀點創新而效果卓著的地方在於他看待文化、政治、社會和經濟的方式，他是在**單一**功能脈絡中看待，而很快的，這個脈絡可以任意由一個視角轉移到另一個視角。韋伯研究資本主義如何從清教徒倫理的心態中產生，就受惠於馬克思主義歷史學——而且又以這結果做了更多有創造力的運用——甚於任何那些嚴格的唯物論歷史研究。不論歷史的—帶有視角的

2 柯注：《思想日誌》一九五一年九月。

思考選擇什麼樣的出發點，不管是所謂的觀念史或政治史，或社會科學和經濟學，結果都是產生一套關係的系統（a system of relationship），這系統從每一次視角的移轉所衍生，而從這個系統出發每一件事都可以被解釋，卻不需要一再製造類似傳統權威所必須恪守的真理。

一方面藉由馬克思，另一方面透過尼采，現代思想採取了傳統的架構，但同時排斥其權威。馬克思對黑格爾的倒置，尼采對柏拉圖的翻轉，真正的歷史意義就在此。然而，當思想在傳統概念中進行，而「僅僅」排斥掉傳統的實質權威，所有這類的運作都包含具破壞力的矛盾，就像所有將宗教觀念世俗化的討論中都不可避免隱含的矛盾。傳統、權威和宗教的概念，源頭都在前基督教和基督教時期的羅馬；它們彼此共屬，如同「戰爭、貿易和劫掠，不可分割的三位一體」（歌德《浮士德》ii, 11187-88）。過往，如果作為傳統而流傳下來，就有其權威；權威，如果作為歷史而流傳下來，就變成傳統；而如果傳統沒有以柏拉圖的精神宣稱「上帝（而不是人）乃一切事物的衡準」，那就是獨斷專制而不是權威。接受不具宗教基礎之權威的傳統，往往不具約束性，因為任何在這樣的條件下接受的東西，不只喪失其真實內容，也喪失以權威形式對於人公開的要求權。所以當馬克思宣稱他是從這個傳統（他認為終結於黑格爾的傳統）吸收了辯證方法，其實和上面的表述方式相當符合——這樣的表述是對傳統權威的公開反叛，其實也是保守思想的一部分。換言之，他從傳統取得的東西，顯然純粹是形式成分，他可以用他所選擇的任何方式去利用。

顯然沒有必要去討論「方法不會造成差別」的爭論，因為我們探討一個主題的取徑，不只界定了我們**如何**進行研究，也界定了研究結果**為何**。在此更為重要的是，只有在馬克思剝除了辯證（dialectic）原有的實質內容後，辯證才能作為一種方法而發展出來。接受傳統卻伴隨著該傳統實質權威的喪失——沒有比馬克思之採納黑格爾辯證法的代價更昂貴的了。馬克思透過將辯證法轉變成一種方法，而把它從那些把它限制於固定範圍並約束於實質現實內容中解放出來。如此，他也使十九世紀意識形態特有的進程思考（process-thinking）變得可能。那些意識形態最後以極權體制毀滅性的邏輯告終，而那體制暴力運作的機器是不屈從於任何現實約束的。

馬克思從黑格爾那裡採納的形式方法論，是熟悉的三步驟過程，正（thesis）經由反（antithesis）而達於合（synthesis），這個合又變成下一個三段式的第一步，也就是它自身變成一個新的正項，從這裡，反與合在一個無止境的過程中自動產生。這裡的重點在於，這種思考能夠從單一的點「出發」，進入本質上不再能夠被中止的過程，而其開端就是那第一個立論，第一個「正項」。在這樣的思考中，所有現實都被化約為單一巨大發展過程的各階段——那是黑格爾始料未及的；而這種思考開啟了一條通往真正意識形態的思考，也是馬克思始料未及的。辯證過程的第一項立論一旦變成邏輯的前提，而接下去其他一切都可以根據完全獨立於所有經驗的某種推論性加以推導，如此一來，辯證作為一種方法就完全變成了辯證作為一種意識形態了。黑格爾哲學在辯證運動中呈現「絕對」——世界精神或上帝——而這辯證運動就是「絕對」如何在人類意識中揭顯的過程。在極權意識形態中，邏輯緊握某些「理念」，將之扭曲為邏輯前提。兩者之間則是辯證唯物論，而經驗上可驗證的元素，也就是生產的物質條件，就在其中辯證地從自身發展出來。馬克思將黑格爾歷史中絕對項的辯證表述為一種**發展**，一種自我推進的過程，而在這裡必須提醒，馬克思和黑格爾兩人都是達爾文演化論的信徒。這樣的表述雖然還是在傳統的架構內，卻奪走傳統的權威實質。事實上馬克思主義的發展概念只差一步就會變成意識形態的進程思考——這一步最終會導致極權主義以單一前提為基礎的強制性推論。在此，傳統的線首次真正被切斷，而這個斷裂是一個永遠無法藉由思想史中的知識潮流或可證明的影響加以「解釋」的事件。如果從黑格爾到馬克思這條路徑的角度來看此一斷裂，我們可以說它是發生在這樣一個時點：從觀念釋放出來的邏輯，而不是觀念本身，將群眾牢牢控制。

　馬克思自己在談他和黑格爾的連結以從黑格爾脫離時，引述所謂的費爾巴哈提綱第十一條來解釋這連結和脫離的本質：「哲學家只是以各種方式**詮釋**了世界；但重點在**改變**世界。」在其全部作品和主導目標的脈絡下，青年馬克思一八四五年的這段評語或許可以這樣重寫：黑格爾將過往當做歷史來詮釋，因此發現了作為所有歷史變化基本法則的辯證法。此一發現使我們能夠將未來當成歷史而塑造。對馬克思而言，革命的政治是使歷史和所有歷史變化的基本法則重合的行動。他的說法將黑格爾所說「理性的狡猾」(cunning of reason)(康德的用語是「自然的計謀」(ruse of nature)) 變成多餘的東西；「理性的狡猾」，其功能只是賦予政治行動一個回溯性的政治依據，也就是使之可以被理解。黑格爾和康德必須藉助這種奇特奧妙的天意之行為，一方面因為他們和傳統一樣，認為政治行動和真理的關係不如其他人類行動和真理的關係，另一方面因為他們面對了歷史的現代問題——這種歷史雖然包含人類種種矛盾行為，且整體而言總是導致非每個個人所意欲的結果，但仍可以有一致的理解，因此顯得「合乎理性」。人對於他們所啟動的行動從未能可靠掌握，也從來無法充分實現其最初的意願，於是歷史需要「狡猾」，它不同於任何「詭計」，根據黑格爾，這「狡猾」包含「迫使他人變成他們內在所是以及為己所是的偉大設計。」(《耶拿現實哲學》麥納版(*Jenenser Realphilosophie*, Meiner edition) vol. xx, p. 199)。馬克思雖仍然認為自己深深受到黑格爾哲學的趨力影響，他卻拒絕接受如果沒有天意的狡猾，行動就其本身和由其自身無法揭顯真理，或應該說是創造真理。如此一來，馬克思和政治哲學中所有傳統的價值評估決裂，而那些傳統都認為思想高於行動，而政治只是為了實現和捍衛bios theōrētikos（省察的生活）——不論是哲學家思考的生命或基督徒遠離塵世而對上帝的沉思。

但馬克思與傳統的決裂是在傳統架構中發生的。馬克思從未曾懷疑的是思考和行動之間的關係。費爾巴哈提綱清楚說到，唯有因為哲學家詮釋了世界，也只有在他詮釋了世界之後，改變的時刻才會到來。這也是何以馬克思會允許他的革命政治，或者說他革命性的政治觀點，終結於「無階級社會」的形象——這個形象很明顯以希臘城邦所實現的閒暇與自由時間的理想為方向。然而，重點自然不是這向過去的烏托邦所投注的短暫一瞥，而是對於政治本身的重新評估。

在馬克思無階級社會中，統治和宰制的消失是可以預期的，如此一來「自由」將變成沒有意義的字眼，除非在一個全新的意義中去理解。然而馬克思在此處或其他地方都沒有重新定義他使用的名詞，而還是停留在傳統的概念架構中，因此，當列寧由此提出結論說：「治人者如果不得自由，那麼自由就是一種偏見或意識形態」，他說的並沒有錯，雖然這句話剝奪了馬克思作品最重要的驅力之一。對傳統的依附也導致馬克思和列寧更為致命的錯誤——他們認為，和政府比起來，行政管理（administration）是人在極端而普世的平等條件下適當的共同生活形式。行政管理不應當是無治，但它實際上只可能是無人之治（rule by nobody），也就是官僚制度，一種無人負責的政府形式。

官僚制度是一種統治者的人格元素消失了的政府形式，而這種政府實際上也可能不為任何階級的利益而治理。在真正官僚制度中沒有人坐在那空缺的統治者大位上，但這樣的無人之治並不表示統治的條件已消失。從被統治者的角度來看，這個無人的統治非常有效率，更嚴重的是，它和專制者有一個很重要的共通點。

傳統將專制權力定義為獨斷的權力，原本指涉一種不需提出說明的統治，不需對任何人負責的統治。無人統治的官僚制度也是如此，雖然原因完全不一樣。官僚制度中可能有許多人來要求報告，但沒有一個人去提出，因為沒有辦法要求「無人」負起責任。原來是專制者的獨斷決定，我們發現取代它的是普適程序的任意解決，這解決既不是出於惡意也非獨斷，因為其背後沒有所謂的意志，也沒有對於解決的訴求。就被統治者而言，他們困陷其中的治理型態網絡遠比單純的獨斷專制政體還要危險而致命。但官僚制度不應錯認為是極權的宰制。如果十月革命是遵循馬克思和列寧所規劃的路線——但其實不是——那它的結果可能會是官僚統治。無人之治不是無政府狀態，不是統治的消失，也不是壓制；無人之治是以普世平等為基礎的任何社會不斷會面臨的危險。傳統政治思想中普世平等的概念所表示的意思無他，即「沒有一個人是自由的」。

我們知道在馬克思那裡，取代「理性的狡猾」的是對於階級利益意義的興趣。利益的衝突使歷史可以被理解；而讓歷史變得有意義的，則是勞動階級的利益等於人類利益的這個假設，而對馬克思來說，人類利益所指的不是大多數人的利益，而是人類基本人性的利益。以利益為政治行動的原動力，並非創新的說法。羅罕[3]即有名言謂：君王統治國家，而利益統治君王。對馬克思而言，這個立論是其經濟研究以及對亞里斯多德哲學依賴的簡單結果。而他將利益與人的基本人性相連結，是其創新之處，但不是最重要的。重要的是，馬克思進一步將利益連結到勞動本身，而不是連結到勞動階級，並且把勞動視為首要的人類活動。

馬克思階級理論的背後屹立著一項信念，即滿足利益的合法方式唯有勞動。支持這項信念的是他對人的新定義，這也是他全部著作的根本；他不是在人的合乎理性（animal rationale）、或人製造的物品（homo faber）、或人以上帝的形象被創造（creatura Dei）當中，看到人類的基本人性，他是在勞動中看到基本人性，但傳統總是排斥勞動，認為勞動和完整而自由的人類存在互不相容。將人界定為勞動造物（animal laborans），馬克思是第一人。他將傳統所傳遞下來的人性之鮮明特徵都統攝在這定義之下：勞動是合理性的原則及其法則，在生產力的發展中決定歷史，使得歷史可以被理解。勞動是產能（productivity）的原理，它在世上創造真正人的世界。恩格斯以一句刻意褻瀆的短句將馬克思的許多陳述簡化為一則公式，他說，勞動就是「人類的造物主」。

我們無法在此探討人自我理解為勞動造物的這個新概念究竟在說什麼，涵義為何。暫且這麼說：它一方面精確呼應了近代歷史重要的社會學事件，首先是賦予勞動階級平等的公民權，然後又將所有人的活動界定為勞動，並將之詮釋為產能。古典經濟學從來不曾將簡單的勞動——為了立即消費的生產——和造物之人的物品生產加以區分。這裡的關鍵因素是，馬克思在他以人的勞動為基礎的生產力理論中，站在勞動這邊而解決了這個混淆，如此為勞動賦予一種它從未擁有的產能。這種對勞動的頌揚和誤解雖然沒有看到人類生活最根本的現實，卻完全符合當時的需要。這種符合當然就是馬克思主義之所以會在全世界各地產生巨大衝擊的真正原因。傳統不認為人作為勞動者有政治平等權及完整的人的自由，而馬克思對勞動的頌揚並沒有移除傳統所提出的理由。馬克思或機械的引進也都無法消解一項事實：人是為了生活而被迫勞動，因此勞動不是自由且具有產能的活動，但它和驅策我們的東西緊密相連無法擺脫，那就是，單純活著所要有的基本需求。馬克思的偉大成就在於把勞動變成他理論的核心，因為，當所有政治哲學都不再敢替奴隸制度開脫，它轉移目光而不再正視的題目

3 譯注：Henri duc de Rohan，一五七九－一六三八，法國貴族、宗教戰爭胡格諾教派領袖。所撰《回憶錄》為十六及十七世紀法國貴族中最好的回憶錄作品。

就是勞動。雖然如此，勞動在人類生活的必要性，以及在現代社會扮演的絕大角色，都提出了政治面的問題，而對這些問題，我們還是沒有得到解答。

第5章

傳統的終結

The End of Tradition

一

政治思想的傳統，不可避免，首先就包含了哲學家對政治的態度。政治思想始於柏拉圖和亞里斯多德，比我們的哲學傳統還要古老，就像哲學本身比最後被接受和發展出來的西方傳統更為悠久，也包含更多。因此，我們政治哲學傳統的最開始（而不是在政治和哲學史之初），就是柏拉圖對政治的鄙視；柏拉圖深信「人的事務和行動（ta tōn anthrōpōn pragmata）不值得嚴肅關注」，相信哲學家需要關心這些事情的唯一理由是因為一個不幸的事實：哲學——或者如亞里斯多德後來說的，奉獻於哲學的生命，即 bio theōrētikos——在實質上是不可能的，除非在過程中先對所有與人相關的事務，那些只要人共同生活就會衍生的事務，做理性安排。在傳統的肇始，政治的存在是因為人活著而且生命有限，但哲學關心的是永恆的事物，比如宇宙。哲學家也關心政治，因為他也是生命有限的凡人。但這種關懷和他身為哲學家的關係只是負面的：他害怕由於政治事務的管理不佳，他將無法去追求哲學，柏拉圖在許多地方也清楚談到這種狀況。希臘文的Scholē，如同拉丁文的otium，不是字面的閒暇之意，而只不過是免於服政治義務而已，不參與（nonparticipation）政治，因而有心靈的自由去關照永恆（aei on），而唯有當有限生命的需求和必需品已有人照料，這種自由才是可能的。因此從哲學的角度觀之，政治在柏拉圖那裡，所包含的內容就已開始多於politeuesthai，即古代希臘城邦特有的活動；生活需求和必需品的滿足則是這種城邦活動的前政治條件（pre-political condition）。政治開始逐漸往下擴張其領域到生活基本要件的範圍，以至於希臘人對於所有關涉生存之物質要件的鄙視之外，又加上了哲學家對凡務俗慮的輕蔑。西塞羅試圖在這一點上否定希臘哲學——否定它對政治的態度——但是沒有成功；他反諷道，但願「有一根魔棒可以像傳說一樣，輕輕一點就供應一切必需品滿足我們的需求，讓我們舒適生活，然後每個具備一流能力的人就都可以丟下其他責任，專心一意獻身知識和科學。」[1]簡言之，當哲學家開始有系統地關注政治，政治對他們而言就變成一種必要的惡。

因此，遺憾而不幸的是，我們的政治哲學傳統從一開始就剝奪了政治事務自身本有的尊嚴；政治事務指的是關於共有之領域的活動，而這個公共領域只要人共同生活就會產生。依亞里斯多德所言，政治是達成目標的手段；政治沒有目標，本身也不是目標。猶有甚者，恰當的政治目標在某方面來說應該是政治的悖反，也就是不參與政治事務，所謂的 scholē，那是哲學的條件，或者說獻身於哲學生命所需要的條件。換言之，沒有其他活動比普遍而言的政治活動以及具體的行動更為反哲學，或說對哲學懷有敵意，當然從未被嚴格視為人類活動的事情是例外，比如純粹的勞動。擦拭鏡片的史賓諾莎終究變成了哲學家的象徵形象，而自柏拉圖時代以來從工作、技藝和人文藝術經驗所取得的模範，可以藉由與更高哲學真理知識的類比，而負起領導之務。但是自蘇格拉底以降，行動者，亦即原初經驗即為政治經驗的人（譬如西塞羅），沒有一個人可以期望被哲學家認真看待；沒有一種具體的政治豐功偉業或表現於行動的人性高度，可以期望在哲學中變成典範，儘管荷馬讚美英雄的榮耀從未被人所遺忘。哲學遠離「行動」（praxis）更甚於它和「創造」（poiesis）的距離。

貶低政治更大的後續影響或許是在於，從哲學角度而言——哲學認為起源與原則，archē，是同一件事——政治連自身的起源都沒有了：它的存在只是因為基本的、前政治的生物性需求，因為人在維持生存的艱苦工作中彼此需要。換言之，在兩重意

1 柯注：《論責任》，I, xliv。

義上可以說政治是衍生性的：它的起源是前政治的生物性生命的資料，而它的終點則在後政治的、人類命運的最高可能性。前政治的生活基本要件的索求，是對人的詛咒，註定要勞動才能生存，因此現在或許可以說政治是夾在兩者之間，下有勞動，上有哲學。兩者嚴格說來都被排除在政治之外，一者是因為低下的出身，一者是因為崇高的目標和目的。政治非常像柏拉圖《國家篇》中衛士（guardians）階級的活動，負責守望並管理日常生活以及勞動的基本需求，另一方面則從哲學非關政治的觀看接受命令。柏拉圖對哲王（philosopher-king）的要求，不是哲學本身應該、或能夠在理想政體中被實現，而是重視哲學勝過其他活動的統治者，必須能用一種使哲學存在的方式來治理，也就是讓哲學家有閒暇且不受俗務的干擾，那俗務的產生是因為人是共同生活的，而必須共同生活最開始又是源自人類生活的不完美。

政治哲學從來不曾從哲學在傳統之初對政治的打擊當中復元。哲學鄙視政治，深信政治活動是必要之惡，部分是由於生存的必需強迫人要過勞動的生活，或者要支配提供他們必需品的奴隸，部分則是由於共同生活所產生的邪惡，亦即大眾，希臘人所謂的 hoi polloi，會對安全有威脅，甚至也對每個個體之人的存在構成威脅——這種對政治的鄙視如一條貫穿數世紀的線索，將柏拉圖和現代隔離。在這脈絡下，這種態度是以世俗的語彙表達，如在柏拉圖和亞里斯多德那裏，或是以基督教的說法表示，都沒有差別了。德爾圖良[2]是第一個說我們是基督徒的人，「公共事務對我們來說是最陌生的東西」，但他仍堅持「地上之城」，即世俗政府有其必要性，因為人是罪惡的，也因為真正的基督徒「居住得距離彼此很遙遠」——如後來路德[3]所說wohnen fern voneinander——在群眾之中孤苦伶仃一如古代的哲學家。更重要的是，同樣的概念再度以世俗的角度被後基督教的哲學家所採用，歷經種種變動和激烈的轉折，時而表現在麥迪遜[4]憂鬱的反思中，他認為政府確實不過是人性的反映，如果人是天使，就不需要政府了；時而表現在尼采憤怒的語言裡，他說不可能有任何政府是善的，被統治者反正都得擔憂。對於政治的價值評估，雖無人言及，但不論是否「上帝之城」為「地上之城」賦予意義和秩序，也不論是否「省察的生活」為「政治的生活」設定規則，並成為「政治生活」的終極目的，都不重要了。

除了透過哲學對整體生命領域的內在貶抑，重要的是徹底區隔了人唯有透過共同

2 譯注：Paul Tertullian，約一六〇—二二〇，迦太基基督教思想家及作家，於西元二世紀曾自創教派，是使拉丁語成為教會語言及西方基督教傳播工具的重要人物。

3 譯注：Martin Luther，一四八三—一五四六，十六世紀宗教改革運動主角，創基督新教之路德教派，將聖經由原本的拉丁文譯為德文。

4 譯注：James Madison，一七五一—一八三六，美國憲法起草人，美國第四任總統。

生活和行動才能達成並取得的東西，和那些單獨的人在獨處時所感知和關注的事物。再一次，不論人是否在孤獨中尋找真理，並對於觀念的**觀念**進行無言的沉思，或者他是否在意靈魂的救贖，都無關緊要。重要的是一道無法跨越的鴻溝從此打開，不再闔起，這道鴻溝不是存在所謂的個人和共同體之間（這是對一個古老問題遲來而假偽的陳述方式），而是存在獨處和共處之間。與這令人困惑的情形相比，即便那同樣古老而惱人的問題，也就是關於行動和思想的關係，或說無關係，也變成次要的問題了。政治與沉思、共同生活和獨處作為兩種不同生命型態之間的徹底分離，以及各組間的差序結構，在柏拉圖將這兩者確立之後，就不曾受到懷疑。唯一例外又是西塞羅，他出於自身涉入羅馬政治的豐富經驗，質疑「省察的生活」優於「政治生活」、孤獨優於共同體生活等說法的有效性。西塞羅反駁道，他是一個獻身「知識與科學」的人，願意逃離「孤獨而尋找研究的同伴，不論是為了教授或學習，為了聆聽或演說。」[5]在這裡以及其他地方，羅馬人為他們對哲學的藐視付出慘重代價，他們認為哲學是「不務實的」。結果希臘哲學獲得無可爭辯的勝利，而羅馬經驗未進入西方政治思想，變成一大損失。西塞羅因為不是哲學家，無法挑戰哲學。

對於哲學與政治的恰當關係未持異議的這個龐大傳統，馬克思在傳統的終點提出了挑戰，但馬克思是不是傳統意義的哲學家，或甚至是不是真正的哲學家，這個問題並不需要解決。有兩段陳述突兀地總結他對這件事情的想法，但他的陳述在某種程度上又是含糊的——「哲學家只……**詮釋**了世界；但重點是**改變**世界」；以及「你不能沒有實現哲學就可以揚棄哲學（aufheben，在黑格爾有保存、提升以及拋棄三重意義）」。這兩段決定性陳述緊貼著黑格爾的辭彙和思想路線，以至於如果單看這些文字，雖內容具有爆炸性，但幾乎可以被看做是黑格爾哲學非正式而自然的延續。因為在黑格爾之前，沒有人會將哲學認知為僅是對世界或對任何事情的詮釋，或者哲學可以被實現，但不是在「省察的生活」——亦即哲學家自己的生命。再者，被實現的並不是任何特定或新創的哲學，譬如不是馬克思自己的哲學；而是傳統哲學所界定的人的最高命運，而這定義在黑格爾那裡達到頂點。

二

循著孟德斯鳩，我們看到定義幾個政府形式的概念性支柱中，統治（rule）的概念是可受質疑的，因為早在實際政治領域經驗能夠替這個從傳統之始就佔有核心地位的

5 柯注：《論責任》I, xliv；參考同書頁xliii。

概念提出合理化解釋之前，統治的概念就被引進了。我們看到了這些定義如何轉化、變換實際經驗的樣貌，或許可料想這些定義透過概念的力量，規定了後來的經驗——實際上就是治人和治於人的經驗——是循著什麼理路為人理解並流傳後世。

但如果現在轉到馬克思的國家理論，我們就像在考慮政府定義中完全相反的選項。不只法（law）的概念退到台後，孟德斯鳩描繪的統治概念亦然；法的概念完全被消滅，因為根據馬克思，所有正面的法律體系都是意識形態，是一個階級統治另外一個階級的託辭。但同樣的事情卻沒有發生在國家（state）層面，雖然馬克思經常把國家視為階級統治的工具，因此它只是一個次要現象。階級統治直接在政治性的政府中實現，因此國家保留了一個現實，而這現實迄今為止遠比法律所僅有的意識形態功能更重要。國家權力是階級對抗的表達，而其物理權力表現在暴力手段的掌握——馬克思認為國家權力主要表現在軍隊和警察；若無此實際物理權力的勢力，則馬克思所宣稱的，無產階級專政為統治與壓迫的最後階段將失去意義。對馬克思而言，政治領域完全讓統治與被統治、壓迫與被壓迫的劃分所支配，而這劃分又是以剝削與被剝削的劃分為基礎。馬克思所知道唯一正面、非意識形態力量的法，是歷史的法則，但它在政治領域的角色基本上卻又是反法律的；歷史的力量藉著破壞法律體系、消弭舊秩序而被感覺到，也只有在戰爭或革命中，當它「在孕育著新（秩序）的舊社會中扮演接生者角色時」，歷史法則才會完全明朗。[6]

在此脈絡下，這種法則從來沒有用以建立公共領域是值得注意的。歷史法則是運動的法則——所有十九世紀的發展法則也都是——因此和我們從傳統所認識的所有法的概念公然對立。從傳統的角度，法律是社會穩定的因素，此處的法，暗示著歷史在開展時可預測、可從科學面加以觀察的運動。由這種新的法的概念，沒有辦法推演出一套法律規定的條文，也就是說正面的、設定的法律，因為它必然缺乏穩定性，而其本身也不過是暗示並闡述法則的運行。如此，馬克思將立法者比喻為「自然科學家，他們不創造或發明法則，只是將之表述出來。」從這發展中的歷史運動之法則，仍然可能看到舊有普遍法（universal law）的痕跡，即希臘文中統御一切事物的nomos[7]，或貫穿所有立法的自然法，雖然不是非常確切；但另一方面，法律的政治功能顯然已經被廢除——這是馬克思政治哲學的關鍵——連形成最佳政府的或未來最佳社會的新法律都不再去想像。對於因此而產生的問題，列寧的解決方式很特別。在《國家與革命》中他寫道：「我們……不否認……個人暴行……的可能性。……但不需要任何……特

6　柯注：《資本論》（*Capital*, New York: Modern Library, 1959, p.824）。

7　譯注：有法則、習慣的意思。

別機器……加以壓制；這可以……簡單而輕易地做到，即使在現代社會，只要有一群文明之人將兩個互相打鬥的人拉開，或者介入以使某個女性免於受辱。」一旦不再有貧窮，暴行自然會「逐漸萎縮。」對我們來說，重要的不是天真地相信道德規範是理所當然的事情，人只要能夠遵守即可，或相信這些規範在千年之前就已被發現，具有根本的質樸性而且不證自明；即使這種天真的想法在某種程度上把馬克思與列寧同其後繼者區隔，使這兩人完全就是十九世紀的人物，一個我們已不再生活其間的世界。重要的是，馬克思法的概念無法在任何可想見的環境中被用來建立一個政治體，或用來保證公共領域相對於人類生活與人類行為的徒勞更具永恆性。相反的，馬克思國家理論中的永恆性直接源自統治權的事實。這種永恆性被視為障礙，而發展的力量——其根本形式是人類生產能力的發展——不斷受到這道障礙的牽絆和阻撓。透過統治權，支配階級力圖阻擋，事實上也成功推延它所壓制和剝削的新階級之興起和奪權。

馬克思的國家概念完全取消了法的元素，因此我們就不能說有馬克思主義的政府形式。所有傳統的統治權形式都會成為專制政體，恩格斯也間接承認這點，他（在一八七五年致貝貝爾的一封信上）說：「關於自由人的國家之說法，完全是胡扯；只要無產階級仍然利用國家，就不是為了自由的目的而利用它，而是為了打壓敵人；一旦有談論自由的可能，所謂的國家就不再存在了。」馬克思所認識的統治權形式有四種，出現在最早的書寫到晚期作品裡的各種詮釋和脈絡中：歷史始於對奴隸的統治，它構成了古代的政治體；接著進行到貴族對農奴的統治，這構成了封建制度的政治體；歷史的高點出現在馬克思的時代，資產階級對勞工階級的統治；其終局將是無產階級專政，在此，國家統治將「逐漸萎縮」，因為統治者將找不到可以壓迫的新階級，或為了捍衛自身而必須抵抗的對象。

馬克思對統治的理解偉大之處在於，它啟發了一個源頭，使統治權的觀念找到發展成熟穩健政治體的定義，但這個政治體本身所對應者，似乎不過就是將公民區分為統治者和被統治者。馬克思的四個統治權形式都只是第一種的變化，亦即古代對奴隸的宰制；在這種形式中他確切看到了一種強化所有古代政體形式的支配類型。重點是，在傳統發生之前，這種支配並非公共領域不可分割的部分，而是構成進入公共領域不可或缺的私人條件。亞里斯多德將人分為三個階級（借用馬克思的詞彙）：一是為他人勞動的人，即奴隸；二是為自己勞動以謀生計者，他們不是自由公民；三是擁有奴隸、不需為了自己或他人服勞役者，他們是可以進入公共領域的人。統治權的實際生活經驗不在公共領域，而在家室的私人領域，家長管理他的家庭和奴隸。這種情形在許多統治權典範中依然顯而易見，這些傳統之初即存在的統治權典範，幾乎皆取自私人生活的體制。此類家室形象對於行動所具有的意涵，早在柏拉圖那裡就清楚暗示了：「真正（治國之才）的君王術本身不應該是行動（prattein），而是去統治、號令（rule, archein）那些能行動也實際行動的人。」這促使他們行動，「因為它體認到對城邦而言是必要的開端和原則（archē），而其他人只是聽命行事」（《政治家篇》305d）。在這裡，號令與行動的關係，亦即一邊是發動某事，另一邊是和其他需要也自願受徵召的人一起關照目的的達成，這項古老關係被另外一種以監督功能為特色的關係所取代，由主人告訴僕人如何執行並完成任務。換言之，行動變成只是執行，而那是由某個有知識、因而不自己動手的人所決定的。

馬克思在重新詮釋政治思想傳統並終結這傳統時，關鍵在於他不是挑戰哲學，而是挑戰哲學被人指控的不務實性。他挑戰哲學家的退卻，他們不過是想為自己在世界上找個位置，而不是改變世界，並使世界變得「哲學」。其意義不但勝於柏拉圖所高舉的哲學家以君主身分為治的理想，也和柏拉圖的理想截然不同，因為馬克思所暗示的不是哲學治人，而是凡人皆可成為所謂的哲學家。馬克思從黑格爾歷史哲學（而黑格爾的全部哲學作品，包括《邏輯學》，都只有一個主題——歷史）汲取的後果是，行動或praxis和整個傳統所認為的相反，它根本不是思想的對立，而是思想真正而實在的載具；而政治也非無限度地屈居哲學尊嚴底下，它是唯一具有哲學內蘊的行動。

第6章

導「入」政治

Introduction *into* Politics

一 政治是什麼？

政治的基礎在人的複數性。上帝造**人**，但**人們**是人類，是土地的產物，人類本性的產物。由於哲學和神學總是關心**單數的人**，也由於如果只有一、兩個人，或者只有一致的人們，所有哲學或神學的宣稱才會是正確的，因此對「政治是什麼？」這個問題：它們找不到有效的哲學答案。更糟的是，所有科學思考——生物學、心理學，如同哲學和神學——都只考慮**一個人**，動物學也是，只有**那隻**獅子。許多獅子只會是許多獅子的問題。

所有偉大思想家都有一個值得注意的地方，也就是哲學家的政治哲學和其他作品的位階差異——連柏拉圖都是。他們的政治學從未達到同樣的深度。這種缺乏深度，不過是未能理解政治學所繫屬的深度。

政治學處理**不同**人們的共存和聯合。人根據在諸多差異的絕對混亂中找到或提取出來的某種本質共通性，在政治層面自我組織。只要政治體是奠基在家庭，並以家庭的形象被認知，則所有層次的親屬關係都被認為能夠結合個別的極端差異，另一方面它**也是**一種手段方法，可以藉此將類似個人的團體抽離出來加以對比。

這種形式的組織中，任何原有的差異化都被有效泯除，就像只要我們談單數的**人**，所有人本質上的平等性也遭破壞。政治朝這兩方向墮落，乃源於政治體從家庭發展出來的方式。這裡我們看到一個暗示，即後來變得具有象徵性的聖家[1]的形象——也就是上帝不只創造人，更創造家庭。

當我們將家庭視為不只是參與，也就是複數體的積極參與，我們就開始扮演上帝的角色，好似我們可以自然逃離人類差異化的原則。我們不是孕生人類，而是試圖以自己的形象創造**人**。

但是以實際的政治語彙來說，家庭之所以取得根深蒂固的重要性，源自於世界的組成方式並沒有給予個體任何位置，也就是與眾不同的人在世上沒有立足之處。家庭是這個陌生荒涼世界中的庇護所，有力的城堡，保護我們希望帶到這個世上的親人。這渴望導致政治根本的錯亂，因為它消除了複數性的基本特質，或說藉著親屬概念的引進而喪失這特質。

人，哲學和神學所知的人，在政治上只以平等權利存在，或說被實現，這平等權利是那些千差萬別的人對彼此的保證。對法律平等性的宣稱給予這種主動保證，或讓渡，是認可了人的複數性——對於這種複數性，人們可以歸功自己，而對於其存在，他們可以感謝**人**的造物者。

有兩個充分的理由說明何以哲學從來無法在政治發生的地方找到它的位置。首先，斷定人**內在**有某種政治的東西是屬於他的本質。但並非如此；**人**是無政治性的（a-politisch）。政治在**人和人之間**產生，因此是**在單數的人之外**，所以沒有真正的政治實質。政治從**人與人之間**產生，它是作為關係而成立的。

其次是一神教的上帝概念，人據說是依上帝的形象所創造。在此基礎上，當然可以只有**單數的人**，而人們變成不過是同樣東西的成功複製。依上帝單一獨立形象所創造出來的人，是霍布斯「所有人對抗所有人的戰爭」之「自然狀態」的基礎。那是每個人對抗其他所有人的戰爭，而其他人們令人痛恨，因為他們的存在沒有意義——不具依上帝孤立形象而創造的人的意義。

1 譯注：Holy Family，指基督宗教形象中聖嬰耶穌、聖母瑪利亞及聖約瑟。

為了逃離西方創世神話中這種政治的不可能性，西方的解決方式是將政治轉化為歷史，或用歷史取代政治。世界史的觀念中，人們的多重性融化為**單一**人類個體，又稱為人性。歷史殘暴、非人性面向的源頭也在此，這面向首先就在政治上達成其殘酷的目的。

想像存在著一個我們能夠真正有自由的領域，其中既沒有來自自我的推促，也不依賴物質存在的給予，這很難理解。自由只存在於政治那獨特的中介空間。我們逃離這種自由而進入歷史的「必然」。多駭人而荒謬。

有可能政治的任務是建立一個如真理般透明的世界，像上帝造物。以猶太—基督神話的語言來說，意思是依神的形象創造的**人**，接收了生殖的能量去將**人們**加以組織，形似上帝造物。這也許是胡說八道。但這是自然法概念唯一可能的證明或解釋。

上帝創造複數的**人們**，這體現在所有人彼此間的絕對差異，此種差異大於民族（peoples, Völkern）、國族（nations, Nationen）或種族（races, Rassen）之間的相對差異。但那種情況下，政治其實沒有什麼作用。政治從最開始就是根據他們的**相對**平等性，並對照凸顯其**相對**差異，而將絕對不同的人們組織起來。

二　對政治的偏見，以及今日的政治實際為何

這時代任何關於政治的討論，都必須從我們這些非專業從政者對政治的偏見談起。我們共有的偏見，本身就具有最廣義的政治性。偏見不是源自受過教育者的傲慢，不是那些看得太多、理解太少的人憤世嫉俗的結果。由於偏見意外出現在我們的思考中，我們無法視而不見，也由於偏見指涉了無可否認的事實，忠實反映目前處境的政治剖面，因此我們無法用論證將偏見消音。然而，這些偏見並非論證。它暗示我們已遇到了一種我們不知道，或者尚不知道，如何僅以這種政治方式使之作用的處境。危險的是，政治有可能從這個世界上完全消失。我們的偏見侵入我們的思想；偏見把嬰兒扔出澡盆，把政治和會將政治終結的東西混淆，並把那災難鋪陳得有如原本就存在於事情的本質而不可避免。

今天我們對政治所持的偏見底下，是希望和恐懼：害怕人性會透過政治、透過手中掌握的武力毀滅自身；而和這個恐懼相連結的是希望，希望人性會恢復理智，不是將人類從世間消除，而是把政治從世間消除。要消除政治，可以透過一個世界政府，將國家轉化為行政機器，以官僚手段解決政治衝突，並用警力取代軍隊。如果以通常

的方式，把政治定義為統治者和被統治者的關係，這樣的希望當然是純粹的烏托邦。如果採納此觀點，結局不會是政治的廢除，而是一個大而無當的專權政體，將統治者與被統治者隔離的深淵將非常之鉅，以致任何形式的反叛都不再有可能，更別說被統治者有任何方式可以控制統治者。在這個世界政府裡沒有一個個體——沒有一個當權者——能夠被指認出來，這種狀況用任何方式都無法改變其專權性格。官僚式統治、官僚的匿名統治，不因為「無人」操作就比較不專權。相反的，甚至更可怕，因為沒有人可以對這個「無人」說話或申訴。

然而，如果我們所理解的政治意味著一個全球版圖，人在其中主要功能是作為積極的因子，他賦予人類事物一種原本沒有的永恆性，那麼這種希望絲毫不會不切實際。把作為積極因子的人排除在旁的情形，雖然從未以全世界的規模發生，歷史上卻有許許多多例子——不論是出自我們覺得老式的專制政體，或是現代極權政治的形式；前者是一人意志橫行無阻，後者有據稱較高的、非人性的「歷史力量」和過程被釋放出來，而人類必將受其奴役。這種宰制形式的本質在更深沉的意義上是確實無政治性的，顯現在它所產生的動力，也是其特有的動力。在這種動力中，昨天才被視為「偉大」的每件事、每個人，今天就可能，也必須被湮沒於遺忘之中——如此運動才能保持它的能量。然而這幾乎不可能提供安慰，因我們心懷憂慮：一方面，我們不得不注意到，在群眾民主制度中的百姓，類似的無力感可說是自動擴散，不必使用任何恐怖手段；另一方面，一種類似永遠自我延展的消費和遺忘過程正在扎根，即使在自由、不受恐怖脅迫的世界，這些現象也還限制在經濟領域或狹義的政治領域。

　　但是對政治的偏見老早就存在：這些偏見包括國內政策乃謊言和欺騙的網絡，由可疑的利益和更可疑的意識形態所織就，外交政策則擺盪在乏味的宣傳和赤裸裸的權力操作之間；這些偏見早在足以摧毀地球上所有生物的裝置發明出來前就已存在。用國內政治的角度而言，這些偏見至少和政黨驅動的民主制度一樣久——大約有百年以上；民主制度在現代史上首次號稱代表人民，即使人民自己從不相信。至於外交政策，我們也許可以將起源設在帝國主義擴張開始的數十年，在那世紀之交，民族國家開始將歐洲的統治延伸到全球，而這麼做不是為了國族，毋寧說是代表國家經濟利益。但是今天為這普遍偏見賦予真實力量的——也就是造成人們想遁逃到無力狀態、渴望完全被解除行動的能力——在當時是因為少數階級的偏見和特權，這階級的人相信，如同艾克頓公爵[2]所言，「權力使人腐化，絕對的權力帶來徹底的腐化。」也許沒

2 譯注：Lord Acton，一八三四－一九〇二，英國歷史學家，為英國自由黨首相格雷斯敦（William Gladstron）器重的政治顧問，晚年主編《劍橋近代史》。

有人看得比尼采清楚，他在試圖為權力（Macht, power）端正視聽時指出，對權力的譴責清楚反映出一種尚未有人明確加以表陳的群眾之渴望；雖然尼采自己也指認或混淆權力以及武力或外力（Gewalt, force）的運用——權力是沒有任何個人可以擁有的，因為它只有在許多人的合作行動中才會產生，而武力或外力是手段、工具，當然可為個人所奪取和掌控。

偏見與判斷

我們將共有的偏見視為不證自明的，談話中可以輕易甩開而不需冗長解釋，但如同前述，這些偏見本身就具有最廣義的政治性，意即它構成人類事務不可分的部分，而我們每天就是在這人類事務的脈絡中過日子。在每日生活，也就是在政治中，偏見所扮演的角色不是我們應該表示惋惜或試圖改變的東西。人不能沒有偏見而生活，不是因為人類的智性或洞見不足以對生命過程中被要求提出判斷的東西形成自己獨創的判斷，而是因為需要一種超人的敏銳才能做到完全沒有偏見。這是為什麼政治的任務無論何時何地都是在呈現偏見並去除偏見，這不是說要訓練人們擯除偏見，或者致力於啟蒙的人本身沒有偏見。在某種時空下的敏銳和心態開放的程度，決定其普遍面相及其政治生活的層次；但若說有哪個時代的人們，對生命中重要領域進行判斷和做決定的時候可不需依賴或信任他們的偏見，那是無法想像的。

將偏見合理化為日常生活的判斷標準，顯然有其侷限。這種合理化其實只能用於真正的偏見，也就是那些不自認為偏見的偏見。真正的偏見通常可以藉由不加掩飾的訴諸權威而辨識出來，偏見會引用「他們說」或「輿論如此」，雖然不必然是明白說出來。偏見不是個人癖好，癖好再怎麼無法驗證，也總是以個人經驗為基礎，在此經驗脈絡中偏見宣稱擁有感官知覺的證據。然而由於偏見存在於經驗之外，所以永遠無法提出這種證據，即便對那些受到偏見影響的人亦然。正是因為偏見和個人經驗是不相連的，所以很快可以得到他人的贊同，不需要下工夫去說服。在這方面，偏見不同於判斷。但偏見有一點和判斷相同，也就是人們辨識自身及其共通性的方式，讓限於偏見的某個人總是可以確定會對他人產生影響，但癖好幾乎不可能普及公共和政治領域，只在私人的親密領域有影響。於是偏見在社會場域扮演了重大角色。的確，沒有任何社會結構不是多少以偏見為基礎，將某些人納入而將其他人排除。一個人愈不受任何偏見影響，就愈不適合純粹社交的領域。但在社交領域，我們不會主張作判斷；而放棄判斷的權利，以偏見取代判斷，只有當其擴散到政治領域時才會變得有危險——在政治領域，如果沒有判斷，那麼人是完全無法行使職責的，政治思想本質上即以判斷為基礎。

偏見有力而且危險，其中一個原因在於偏見之中總是隱藏某種過往的東西。仔細檢驗發現，真正的偏見總是掩蓋著某個先前就形成的判斷，這判斷原本有與其相稱的、具合法性的經驗基礎，但只因這判斷在時間中拖沓而不曾受到再檢驗或修正，於是逐漸變成一種偏見。由此觀之，偏見不同於簡單的談話，談話在碎嘴中隔一天或隔幾個小時就忘了，最為異質的意見和判斷如同碎片在萬花筒中忽忽攪動。偏見的危險在於它總是泊定於過往——如此不尋常的牢固，以致於它不只比判斷早發生因而阻撓判斷，也使得判斷和真正的當下經驗變得不可能。若欲消除偏見，我們必須先找出包含其中之過往的判斷，也就是我們必須揭顯偏見中存在的任何真相。如果忽視這一步，一整群啟蒙的雄辯家和整座圖書館的說明書也將一無所成，很明顯的例子是過去已耗費無止境、也總是徒勞的心力在處理受到古老偏見拖累的議題，比如猶太人問題，和美國的黑人問題。

偏見藉著喚回過往，比判斷更早出現，因此其暫時的合理化解釋就受限於那些新事物相對稀罕、而舊事物支配政治與社會結構的歷史時代——就量而言，這些時代佔據大半歷史。「判斷」在一般用法中有兩個意思，這兩個意思本應加以區別，但在說的時候總是會混淆。首先，判斷意指將個別與特殊者組織並統攝於普遍及普適項下，藉著運用辨識具體事物的標準，做成有條理的評估，並據以形成決定。所有這種判斷背後，有一種預判，一種偏見。判斷只涉及個案，但標準本身或用以衡量的東西是否為恰當，不會受到判斷。在某些點上，判斷是依據標準而形成，但某種判斷既然被採納，就會變成一個依據，而繼續做出更多判斷、裁決。然而，判斷也可能表示完全不同的東西，尤其當我們面對前所未見的東西，手邊沒有任何判準以茲應用時，總是如此。這種沒有判準依據的判斷，只可能訴諸被判定過的證據，而它唯一的前提要件就是判斷力；判斷力和一個人區別事物之能力的關係遠大於組織和統攝的能力。沒有判準的判斷，我們是相當熟悉的，美學和品味的判斷大家都做過，康德觀察到美學的判斷是無從「反駁」的，但當然可以提出不同見解或表示同意。這種情形在日常生活皆可察覺，比如在某些不熟悉的狀況中，我們會說這個人或那個人對狀況的判斷對或錯。

在每一個歷史危機，最先開始瓦解而不再受到信賴的就是偏見。正是因為在這「人們說」、「人們認為」的沒有約束力的脈絡中，在這偏見被合理化和運用的有限脈絡中，偏見不再有被接受的能耐，容易就僵化，變成某種實非其然的東西，也就是變成偽理論，偽稱認識所有的歷史和政治現實，一如封閉的世界觀或意識形態，對每件事都有一套解釋。如果說，偏見的功能就是使下判斷的個體不須向遭遇到的現實的每個面向開放，並深思熟慮加以面對，那麼世界觀和意識形態也同樣擅長於此，甚至會對所有的現實預做表面的安排，而將我們和所有經驗隔離。正是這種對普世性的宣稱，使得意識形態明確不同於偏見，偏見的性質總是部分的，就像它也會明確表示我們將不再依賴偏見，宣稱偏見完完全全是不恰當的——不只不依賴偏見，也不再依賴判斷的標準以及根據這種標準產生的預判。現代世界中，標準已失去效用，用每個人都認可的有力標準為基礎，對已發生之事及每天都在發生的事情重新做判斷，是不可能的，亦不可能將那些事件納為某個眾所周知之普遍原則的個案表現；此外還有與此密切相關的困難，即難以為現下應該發生的事情提供行動原則。現代世界標準的失靈，經常被形容為這個時代內存的虛無主義，對價值的貶低，一種諸神的黃昏，世界道德秩序的災難。這些詮釋都默默假定人只有在具備標準的時候才可以指望他們做出判斷，並假定判斷力不過是將個案發落到普遍原則內正確而適當位置的能力，該原則適用於個案，也被所有人同意。

然而我們知道，判斷力堅持不依賴任何標準而直接做判斷，也必須如此堅持，但是直接判斷會發生的領域——包括各類決定，公或私的決定，以及所謂品味的問題——本身就沒有被人認真看待。理由在於這種判斷從來不具強迫性，從不會強迫他人同意，意即沒有邏輯上不可推翻的結論要人非同意不可，而只能透過說服的方式。再者，此種判斷不具強迫性的說法，本身就是偏見。只要標準持續有效力，就沒有任何強迫性證明是內在固有的；標準是建立在同樣有限的證據，此證據內含於一項我們都同意、因此不須再加反駁或爭辯的判斷之中。唯一的強迫性證明，是由於我們在進行歸類、運用標準進行衡量，由於我們安排個別具體事物的**方式**——從這作為的本質來看，就假定了標準的有效性。這種歸類和排列並不決定任何事情，只有執行此工作的方式正確或不正確，可否作為示範；它和思考作為演繹推理比較有關，而和思考作為一種判斷行為比較無關。標準的喪失確實界定了現代世界的真實面，但卻無法藉由回返美好往日、或以某種獨斷方式推行新的標準和價值來加以扭轉；但只有假定人實際上沒有判斷事物自身的能力，人的判斷力不足以做任何獨到的判斷，以及假定我們所能要求的最多只是正確應用從既定標準衍生而來的熟悉規則，這樣才能說標準的喪失是道德世界的災難。

若是如此，若人類的思考果真只能靠著生硬的標準去做判斷，那麼，如同一般人所認為的，確實可以說在現代世界危機中，失去依附的不是世界，而是人自己。這個假設遍及今天的學院工廠，最明顯的表現在歷史學門，這討論世界歷史與發生其中之種種的學門，首先分解為社會科學，然後變成心理學。這狀況明白顯示，以假定的編年階段對在歷史中形成的世界進行研究的作法已被捨棄，受到支持的首先是社會行為模式的研究，其次是個人行為模式的研究。行為模式絕無法成為系統化研究的客體，或者，只有當排除人作為動因、作為可證事件的推動者，並將人貶低為不過是在不同場合有不同行為的動物時，行為模式才可能以之為研究客體，對他進行實驗，甚至指望最終能夠對他施以控制。比上述更重要的論點是，學院研究人員當中，非學術的權力遊戲已然浮現，而他們的興趣也出現類似的移轉，即從世界轉移到人。最近流傳的一份問卷結果可資證明。問卷的問題是：當今最令你關切的事情何在？受訪者幾乎異口同聲：人。然而這並非意指最明顯的原子彈對人類的威脅（此一憂慮當然是非常正當的）；它的意思顯然是指人的性質，不論個別受訪者如何理解。在這兩種情況——當然還可以提出更多——卻沒有一刻懷疑到：是人失去了他的方向感，或有失去方向感的危險，或者，人無論如何就是我們需要改變的對象。

在當前危機中，陷入險境的究竟是人還是世界——無論如何回應這個問題，有一件事是確定的：任何回答，若將人置於當前關切的焦點，暗示要改變人方能找到解脫，這樣的回應都具有深刻的非政治性。因為政治的核心其實是對世界的關切，不是對人——那其實是對一個用任何方式建構起來的世界的關切，無之，則那些關心公共政治事物的人會覺得生命不值得一活。我們不再能夠透過改變世界中的人來改變世界——此種企圖沒有實踐可能性；頂多試圖以各種方式影響組織成員，藉此來改變一個組織或俱樂部。假如想改變世界上的任一個機構、組織、存在世上的某個公共體制，我們只能修改其章程、法律、條款，然後希望剩下的一切都可迎刃而解。這是因為每當人群聚集，不論是私人或社交場合，不論是公開或政治性的，就會產生一個空間，同時將他們聚合，也將彼此隔離。每個這種空間都有自己的結構，隨時間改變，並在私人脈絡如習慣、在社會脈絡如常規，以及在公共脈絡如法規、憲法、條款等等中自我揭顯。每當人們聚集，世界便強行介入其間，而人的行為就在這中間空間（Zwischen-Raum）中進行。

人與人之間的空間，即世界，當然不能沒有人而存在，對照沒有人類的宇宙或沒有人類的自然，沒有人的世界是自相矛盾的說法。但這不表示世界和發生在世界上的災難應該被視為純粹的人事，更不應將之化約為發生在人身上或人之本性的某件事情。人類事務雖是在這世界以及世界的事物當中發生，此世及其間種種卻不是人類本性的表現，不是人類本性向外翻轉的印記，正相反，那是人類創造出他們所不是的東西——也就是事物（Dinge）——的結果，連所謂的心理學或知性領域都變成永恆現實，人們可於其中生活和移動，只要這些領域是以物的樣貌、作為物的世界而呈現。在這物的世界中，人類行動亦受其制約；由於受世界制約，發生其間的每場災難都會引發反挫，對人們造成影響。我們可以設想一場災難，狂暴驚駭而有摧毀世界之勢，以致於同樣會影響人創造其世界及生產物件的能力，使他無處可依如同獸類。我們甚至可以想像這種災難發生在前歷史的過往，所謂的原始民族就是災難的殘餘、無處可依的遺跡。也可以想像核子戰爭即使沒有將人類消滅殆盡，也可能促發這種災難，毀滅全世界。然而，雖然人類也將隨之消亡，但原因卻不在於人類自身，而總是在世界，更確切的說是在世界的進程——人類不再有能力掌握、並也與之疏離的世界進程，它具有內在自發力量可以不受節制地前進。前面提到的現代對於人的關切，甚至沒有觸及這種可能發展。聚焦於人的關切，可怕之處在於它一點也不擔憂這種「外部事物」，反而逃到內在——外部事物才是最終真正危險所在，而內在頂多可能有反省，不可能有行動或改變。

對此當然可以提出簡單的反駁：我們這裡所談的世界就是人的世界，是人的生產力和人的行動——不論個人如何理解——所締造的結果。這些能力確實屬於人的本性；如果能力表現不足，我們不是就應該先改變人的本性，才能再去想改變世界？究其核心，此乃古代的反對論點，可以訴諸最佳的見證者：柏拉圖。柏拉圖曾譴責伯里克利斯死後並沒有讓雅典人過得比以前好。

政治的意義為何？

關於政治之意義的問題，答案非常簡單、非常明確，會覺得所有其他答案都完全沒有切中要害。答案：政治的意義是自由。其簡潔與說服力不是因為這個答案和問題一樣古老——提出這問題當然是出於不確定性，由不信任感所激發；而答案的說服力則在於政治的存在本身。事實上在今天，這個回答既非不證自明，也非立即言之成理。顯然，今天的問題不再是單單探問政治的意義，不像從前，政治剛從無關政治或甚具有反政治性質的經驗中所產生時，人們所問的問題。當今的提問乃出自於和政治有關的真實經驗；點燃這個問題的是政治對國家所造成的災難，以及從政治逼近、如山雨欲來的更大的災難。我們的問題因此更為激進、更挑釁，也更加絕望：政治究竟還有意義嗎？

以此方式陳述這個問題（現在也只能這樣問）呼應了兩個重要的因素：首先是極權主義政府帶來的經驗；在其統治下，人生命的全體性完全被政治化，而且也不再有任何形式的自由。從這個制高點來看——這裡是指從特屬於現代的條件去觀察——問題出現了：政治和自由究竟是否相容？自由是否開始於政治結束的地方，而當政治還沒有找到它的極限和目的時，自由便不能存在？也許自古典時代以降已發生太大變化，古典時代中政治和自由被認為是同一的，而現在，在現代條件下，兩者必須清楚區隔。

使這個問題變得必要的第二個事實，是現代毀滅工具的瘋狂發展，國家壟斷了這些工具，但若無此獨佔權，這些工具不可能開發出來，同時也只能在政治場域中使用。

這裡的問題不只是自由，而是生命本身，事關人類、甚至世上所有生物的存續。此處產生的這個問題，將所有政治變得問題重重，連政治和生命的保存在現代條件下是否相容，都顯得堪加質疑；而它暗中的希望是，人們或許有足夠的洞察力，能用什麼方式在政治毀滅所有人之前解決政治，而不再需要它。即便這樣，人們還是可如此駁斥：期待所有國家消失，或政治透過某些方式完全消失，這種希望本身就是烏托邦、不切實際；我們可以想見大多數人會同意這種反對意見。但它卻無法改變這個希望或問題。如果政治造成災禍，如果可以不要政治，那麼只會剩下絕望，或剩下小小的希望——但願我們不必喝下那碗如同剛離開爐子的滾燙熱湯；在我們的時代懷抱這樣的希望是相當愚蠢的，因為從第一次世界大戰以來，每一碗我們必須嚥下的政治湯汁都比任何廚師所願意端上桌的更熱、更燙。

極權主義和原子彈所帶來的經驗，點燃當前時代政治意義的問題。此二者為這個年代的根本經驗，如果無視這些經驗，就會像從來不曾活在這個世界一般。然而兩者仍有區別。面對極權主義政府全面政治化的經驗，以及其導致之問題重重的政治之性質，顯示我們仍必須應付一項事實，即自古以來沒有人相信政治的意義是自由；也必須處理另一個事實：在現代世界，無論理論上或實踐上，政治都被視為一種手段，用以保護社會中維續生命的資源，也保護開放而自由之社會發展的生產力。回應在極權主義政府下所經驗的政治的曖昧性，可能也出現一種理論的退縮，撤退到更早之前的立場——就好像極權主義政府剛好給十九世紀自由派和保守思想的正確性提供了最佳證明。但肉體實質徹底殲滅的可能性在政治當中浮現則令人憂心忡忡，因為它使撤退變成完全不可能。根據現代的說法，政治所威脅到的正是提供最終正當性的東西——即是對所有人類而言最基本的生命可能性。假如政治確實不過是為了延續人類生命的必要之惡，那麼政治的確已開始將自身驅逐出世界，並且將其意義轉化為無意義了。

這無意義不是某種設計出來的混亂。那是非常真實的實情，我們每天都在經驗著——假如我們不只看看報紙，也出於義憤，不滿所有重要政治問題都有如一場混仗，進而拋出問題，想知道在既成狀況下怎麼把事情做好。但所有個別的政治問題現在都走入死胡同，由此看來政治所陷入的無意義處境是很明顯了。不管我們多麼努力想理解狀況，並將極權主義國家和原子武器所代表的這種雙重威脅——兩者結合威脅更大——的個別因素納入考量，也無法設想出一個令人滿意的解決，即使假設相關各方都有最大善意；我們都知道在政治上善意是行不通的，因為今天的任何善意都不保證明天的善意。假如從這些因素內在的邏輯出發，認定除了現在已知的那些條件之外，沒有任何事物決定世界現在或未來的走向，那麼我們也許會說，決定性的好轉變化，非奇蹟莫能為之。

要嚴肅探問這樣的奇蹟是何樣貌，並消除懷疑——即希望出現奇蹟，確切而言是，指望奇蹟出現是全然愚蠢而膚淺的這樣的懷疑——首先必須忘記奇蹟在信仰與迷信，也就是宗教與偽宗教當中，向來所扮演的角色。認為奇蹟只是一種本屬宗教的現象，超自然及超人性的事物藉此闖入自然事件或人事之自然軌道——此想法乃人的偏見；要擺脫此偏見，稍微自我提醒或許有幫助：也就是我們的有形存在的整個架構，包括地球的存在、地球上生物的存在，以及人類物種的存在，都仰賴某種奇蹟。因為，從宇宙生發以及控制生發、可在統計學上加以計算的或然率來看，地球的形成是一種「無窮的低或然率」(unendliche Unwahrscheinlichkeit, infinite improbability)。有機生物誕生自無機自然的過程，人類物種起源於生物的演化過程，也都是同樣的情形。這些範例明白顯示，每當有新事物發生，它是以一種突如其來、無法預期、而終究難以解釋因果的姿態，闖入可預期過程的脈絡當中——如同一個奇蹟。換言之，如果從新事物的到來必然打斷的那個過程的角度來看待或經驗，則每個新開始都是一個奇蹟。在這意義上，也就是在它所闖入的過程脈絡中，每個新的開始可被證明的真實超越性，是和相信奇蹟的宗教超越性相呼應的。

當然這只是個例子，幫助我們解釋，所謂的真實已然是一個由土地的、有機體的以及人類的現實所織就的網絡，但這個網絡還透過無窮的低或然率而出現。如果將這比喻當成一個隱喻，暗喻人事領域實際發生的事情，馬上就不得動彈。我們說過，因為這裡所討論的過程帶有歷史特性，意即這些過程不是根據自然發展的樣態進行，而是連續的事件，其結構經常點綴著無窮之低或然率，以致奇蹟之說聽來奇怪。但這只是因為歷史過程產生自人的創制，且經常被新的創制所打斷。所有歷史哲學當然都將這過程單純視為過程——這過程不是人共同行動的結果，而是外於人類、超乎人類或近乎人類之能量發展和匯聚的結果，而人作為主動因子被排除在外；假如我們也將這過程純粹視為過程，則每個新的開始，不論是好是壞，皆近乎不可能發生，以致所有重大事件看起來都如同奇蹟一般。客觀地從外部來看，明天有絕大的機會如同今天一般展開；而這機會之大，從人的角度看，可比擬、甚至等同於地球從宇宙偶發中形成，生物從無機過程中誕生，或人這種非獸之源於生物物種的演化。

塵世人類生命所奠基的無窮之低或然率，以及人事場域奇蹟般的事件，兩者間的重要差別在於，後者有創造奇蹟的人，也就是人本身自有最驚人而神秘的創造奇蹟的天賦。我們的語言為這類天賦提供了一個平常、陳腐的字眼：「行動」。行動獨特之處在於它啟動一個過程，而這過程由於其自動性，看來極似自然的過程；而行動也標示某件事情的開端，啟動新的事物，掌握主動權，或者用康德的話說，打造自己的事串（eine Kette von selbst anzufangen, create its own chain）。自由的奇蹟內存於此創造開端的能力，而這能力也內含於每個人本身就是一個新開始的事實——人的誕生於世，誕生於這個先他而存、在他離世之後也繼續存在的世界，就是一個新的開端。

自由等同於開端，或者再次使用康德的話，自由等同於自發性（Spontaneität, spontaneity）；這樣的觀念我們可能覺得奇怪，因為根據概念思考及其範疇的傳統，自由等於意志的自由，而我們理解的意志自由是既有選項之間的抉擇，說得更白一點，是善與惡的抉擇。我們不把自由視為單只希望這件事或那件事以如此或如彼的方式被改變。當然傳統所以如此自有它的理由，這裡不去談那些理由，只是提醒，自古典時代式微以來，有種觀念因廣泛流傳的信念而異常強化，那就是，自由不只不在於行動、不在政治，相反的，只有當人放棄行動，從世界中退縮到自身之內，完全避開政治，自由方才可能。這個概念的、範疇的傳統，和每個人的經驗產生矛盾，不論是公共經驗或私人經驗，特別是牴觸那遺留在古典語言中、從來不曾完全被遺忘的證據：希臘文的動詞 archein 代表創始與領導，也就是有自由；而拉丁文的 agere，意思是發動某事，啟動一個過程。

由於世界所陷入的困局，於是我們盼望奇蹟，那麼這種盼望絕不會將我們從原始意義的政治領域驅逐。如果政治的意義是自由，那麼意思是在這領域中——而且只在這個領域——我們確實有權期待奇蹟出現。不是因為我們迷信奇蹟，不是因為不管有意或無意，人只要能行動，都有能力達成不可能、不可預測之事；雖然他確實經常做到。政治是否仍有意義的這個問題，在它終結於對奇蹟的信仰的這一刻（否則還可能在哪裡終結呢？），又將我們送回到政治的意義這個問題上。

政治的意義

對政治不信任，以及關於政治意義的問題，由來已久，堪可與政治哲學的傳統相比，上溯柏拉圖，甚至帕門尼德斯[3]。這兩個問題是從哲學家在城邦中所得到的真實經驗而產生，也就是說在有組織的人類共體生活形式中的真實經驗；此生活型態以具典範性、決定性的方式確定了我們至今對於政治的理解，連「政治」（Politik, politics）一詞都是衍生自希臘字polis，城邦。

與政治意義的問題同樣由來已久的，是為政治提供合理化的答案，而幾乎所有我們傳統中的定義，本質上都是合理化解釋。用很籠統的話來說，所有合理化解釋或定義，最後都將政治描述為達到某個更高目的的手段，雖然數世紀來，對於目的應該是

3 譯注：Parmenides，約西元前五四五－五〇一，古希臘哲學家，著有以韻文體寫成的《自然論》，探討存在與生成變化的問題。

什麼的界定已歷經很大變化。儘管或許眾說紛紜，卻可以回溯到幾個基本答案，這事實說明了我們處理的問題原則上是很簡單的。

我們被告知，政治是人類生活絕對必須的，不只是為了社會中的生命，更為了個人。由於人並非自給自足，其存在必須依賴他人，因此必須生產對所有人的存在造成影響的供給品，若無此供給，則共體生活斷無可能。政治的任務，即最終目的，就是廣義的保衛生命。政治使個體能追求自己的目標，也就是，不受到政治的干擾，而那些生活領域為何並沒有差別；政治就是應該保衛，不論其意圖是像古希臘人所認為的，要使少數人能夠關注哲學，或者在現代，要確保生命的安全、生計的穩定，以及提供眾人起碼的幸福。此外，如麥迪遜曾說的，由於我們關切的是人的共體生活，不是天使的，所以維續人之存在的東西，只能由獨占武力而能避免所有人對抗所有人之戰爭的國家來達成。

這些答案理所當然地認為政治存在於所有時代、存在於每個地方，而人在歷史以及文明化的意義上共同生活。此一假設習慣性地訴諸亞里斯多德的定義，即人是政治的動物；而相同的訴求並非不重要，因為城邦已在語言和內容上決定性地塑造了歐洲人對於政治實際為何、以及政治有何意義的想法。同樣不容小覷的重點在於，訴諸亞里斯多德其實是奠基在一個相當古老的誤解，雖然這個誤解出現在後古典時代。對亞里斯多德來說，politikon 是一個形容詞，用於城邦組織，而不是用來形容任何一種人類共體生活的形式，而他當然也不認為所有人都具有政治性，或者不論人們住在哪裡都會有政治，也就是有城邦存在。他的定義不只排除奴隸，也排除非希臘人的異邦人——異邦人由亞洲帝國的專制君主所統治，但他從來不懷疑他們亦具備人性。他的意思僅僅是：**能夠**活在城邦裡，是人所特有的，有組織的城邦是人類共體生活的最高形式，因此是某種特屬於人的東西，有別於諸神，亦有別於動物——諸神以完全自由而獨立的狀態存在於自身，也屬於自身，動物的共體生活，如果有的話，是出於生存之必需。亞里斯多德的政治書寫中有很多其他議題也像這樣，他並沒有提供很多個人的意見，而是反映同時代所有希臘人共有的觀點，即使該觀點通常沒有清楚的表述。因此，亞里斯多德意義中的政治並非不證自明，而且也很確定，不是有人生活於群體的地方就有政治。政治就像希臘人所看到的，只存在於希臘，雖然也只存在短暫的時間。

區辨城邦中的共體生活和其他形式的人類共體生活（communal life）——古希臘人對此應該不陌生，就是自由。但這不是說政治領域被理解為一種造就人類自由、創造自由生活的手段。擁有自由之身和生活於城邦中，在某種意義上來說是完全相同的。但只有在某種意義上，因為能夠生活在城邦中的人，必須已經在其他方面擁有自由，他能夠不必像奴隸一樣受他人支配，或像工人一樣得幹活糊口。人必須先得到解放，或將自己解放，才能享有自由；不須為生活所需操勞，就是希臘字scholē或拉丁字otium的真正意思，我們今天稱之為閒暇。相對於自由，這種解放可以、也必須透過某種手段來達成。這關鍵手段就是奴隸制，人藉此原始外力（Gewalt, brute force）強迫他人為自己解除日常生活的照管工作。不同於資本主義的剝削形式，主要是為了追求增加財富的經濟目的，古典希臘時代對於奴隸的剝削，是為了讓他們的主人能完全免除勞動，以便能享有政治場域的自由。這種釋放伴隨著力量和強迫，也奠基在每個戶長對於其家室所行使的絕對統治。但此種統治不是政治性的，雖然它是所有政治之事不可或缺的前提要件。如果要在手段與目的的範疇脈絡中理解政治，那麼古希臘意義中的政治，如同之於亞里斯多德，主要是一個目的，而非手段。而該目的不是如同在城邦中所實現的那種自由，而是發生在政治之前的解放，為了其後能在城邦中行使自由。在此，政治的意義不同於其目的，而是在於人能在自由之中彼此互動，沒有強迫，沒有武力，並且以平等身分彼此統治，只有在緊急狀況，也就是戰時，才彼此發號施令並服從命令，否則的話就藉由彼此發言和說服來管理一切事務。

因此，「政治」在希臘文的意思是以自由為中心，而這自由，用否定的方式來理解，是不被統治或統治他人，用正面的方式理解則是一個可以由人創造出來的空間，而在這空間中每個人都與其他人平起平坐。沒有與我平等的人，就沒有自由，這就是為什麼統治他人的人確實比那些被他統治的人快樂而令人羨慕——但這樣在原則上就出現差別——但他不是比較自由的人。反正他也是在沒有什麼自由的空間中活動。我們覺得這難以理解，因為我們把平等和正義的概念相連，而不是和自由的概念相連，這便是為什麼我們誤解代表自由建制（freie Verfassung, free constitution）的希臘用詞，isonomia，以為其意就是我們所說的法律之前人人平等。但 isonomia 非指法律之前人人平等，或法律對所有人一體適用，而僅是所有人對政治活動有相同的權利，而在城邦中，政治活動的主要形式是對彼此發言。因此isonomia本質上是指相同的發言權利，也因此和 isēgoria 是一樣的；後來在波利比奧斯[4]那裡，兩個字都表示 isologia[5]。發號施令的發言以及服從命令的聆聽，不被認為是真正的說和聽；這種動作是不自由的，因為和一個過程密切相關，這個過程不是由「說」、而是由「做」以及勞動所界定。在這情況下，言詞只是替代做事情，而這事情預設了使用外力以及被強迫。當希臘人說奴隸和異邦人是沒有言詞的，是aneu logou，意思是奴隸和異邦人的處境使他們無法自由言說。只知發號施令的專制君主處境亦然；他要發言，就需要其他與之平起平

4 譯注：Polybius，約西元前二〇五－一二三，古希臘史家。著有《通史》四十卷。

5 柯注：isēgoria和 isologia 皆指平等的言論自由。

坐的人。自由不需要現代意義下平等主義的民主制度，而需要一個相當狹隘有限的寡頭政體或貴族政體，在這場域中至少最菁英的少數人可以彼此平等互動。當然，這種平等與正義毫無關係。

這種政治自由的關鍵點在於，它是一種空間的概念構成。任何人只要離開他的城邦或被放逐，失去的就不只是家鄉或祖國；他還失去他可以擁有自由的唯一空間，失去同儕的社會階層。但就生命以及獲得生活所需之供應而言，這個自由的空間幾乎不是必要或不可或缺的；它甚至是一種障礙。希臘人從個人經驗中了解到，一個理性的專制者（我們會稱之為開明君主）對一個城市的福利以及對於不論是物質或知識方面等技藝的興盛與否，可以有很大的助益。但是有了專制者就是自由的終結。公民被逐入自家門戶，而市集（agora），那平等者彼此進行互動的空間，被遺棄了。再也沒有自由的空間，而那意味著政治自由不再存在。

我們不在這裡討論隨著這個政治空間的喪失而失去的還有什麼，在古希臘，隨之喪失的是自由。這裡僅短暫回顧政治的概念中原本所包含的東西，以便或可矯正現代的偏見，以為政治是無可避免的必然，或政治一直存在且到處都有。政治正好不是一種必然——不論是就人性無可否認的需求而言，比如飢餓或愛，或就人共體生活不可或缺的體制而言。事實上，在物質需求和實體武力的領域中止之處，政治才出現。在歷史上，這樣的政治很稀有，也很少地方有，只有少數偉大時代見識過並加以實現。然而，這歷史好運道造成的屈指可數的傑作，是非常關鍵的；只有在這些時空中，政治的意義，包括其優缺利弊，才充分展現。這樣的年代於是立下了標準，這不是說包含其中的組織形式因此可以被模仿，而是那曾在短暫時間以此形式充分實現的觀念和概念，也決定了那些無法獲得充分政治現實經驗的年代。

其中最重要的觀念無疑是自由的觀念；它一直是我們的政治概念最具強制效力的部分，歷經各種歷史轉折和理論轉化而不墜。政治與自由密切相關的這個觀念，使君主專制變成最壞的政治統治形式，其實也是反政治的，而這觀念自古至今貫穿了歐洲文化的思考和行動。要到極權主義政體以及和它相符的意識形態出現，才有人敢打斷這條線；連馬克思主義也沒敢這樣做，它當時宣布了自由領域和（古羅馬意義下的）無產階級的專政是暫時的革命工具。使極權主義真正創新而可怕的，不是它否認自由，或宣稱自由對於人類既不好也不必要；而在於它認為：人的自由必須為歷史的發展而犧牲，這歷史發展的過程只會因為人的自由行動和互動而受到阻撓。這個觀點為所有具備特定意識形態的政治運動所共有，其中最關鍵的理論議題是：自由並非具現在人的行動和互動，或人與人之間所形成的空間，而是屬於在行動者背後開展的一個過程，它在公共事務可見場域之外暗中運作。此種自由概念的模型是一條自由流動的河流，若欲阻擋其流動，就是一種任意而獨斷的阻礙。現代世界中，將古代自由與必然性的二元對立等同於自由與獨斷行動的二元對立、並藉此讓後者取代前者的人，是在上述河流模型中找到其未言明的合理化理解。在所有這類狀況中，政治的概念不管以何種方式建構，都被現代的歷史概念所取代。政治事件和政治行動被吸收到歷史過程之中，而歷史變成了歷史的流動，原原本本的流動之意。這種遍佈的意識形態思考和極權政體之間的區別，在於後者發現了將人類整合到歷史之流的方式，讓人類如此全面被這歷史的「自由」、被它的「自由流動」所掌握，使人再也無法阻擋它，只能成為加速其流動的推力。這是透過外來強制恐怖手段以及從內在釋放的強制意識形態思考而達成的；而強制的意識形態思考形式結合了歷史潮流，變成可以說是歷史流動一個內在固有的部分。毫無疑問，在朝向廢除真實世界之自由的道路上，極權主義的發展是決定性的一步。但這並不表示在現代思想以歷史概念取代政治概念的地方，自由的概念理論上並未消失。

政治和自由有著不可避免的密切關係，這觀念曾誕生在希臘城邦之中，經過兩千年依然有效，有鑑於幾乎已無任何西方思想概念和經驗在時間中歷經了如此變化並不斷豐富，這觀念因此更加值得注意，也令人感到安慰。自由原本的意思不過是能如人所願地移動，但此定義所包含的不只是我們今天所理解的遷移的自由。它並非僅只表示人不受另外一個人強制，更意味能夠將自己從整個強制性的領域脫離——離開家室，以及他的「家庭」（Familie, family）（這也是古羅馬的概念，歷史家孟森[6]逕自將之翻譯為「勞役」；參見Theodor Mommsen, *Römische Geschichte*, vol. 1, p. 62）。唯有一家之主擁有這種自由，而構成這種自由的不是他對家室其他成員的支配權，而是在相同支配權的基礎上他可以拋棄家室，即古典意義上的他的家庭。顯然從一開始，這種自由就包含著冒險犯難的成分。一個自由人可以想離去就離去的家室，人不只在這裡受到必需性和強制力的支配，每個個體的生命也在這裡獲得保障——雖然受到必需性和強制力的約束；在家室中，一切的安排都是為了提供足夠的生命需求。因此只有那個自由的人隨時可以拿自己的生命冒險，而懷抱著不自由、奴性靈魂的人則緊緊抓住生命——這種弱點希臘文有一個特別的語詞來指稱：philopsychia[7]。

只有那自由之人隨時可以拿自己的生命冒險，這種觀念從來不曾完全從我們的意識消失；而一般來說這觀念也適用於政治與危難、冒險的關連。勇氣是所有政治美德中最早存在的一種，即便今天也是少數最重要的政治美德之一，因為只有走出私人的

6 譯注：Theodor Mommsen，一八一七－一九〇三，德國歷史家，其《羅馬史》使他享譽全球，一九〇二年獲諾貝爾文學獎。晚年完成《羅馬國家法》、《羅馬刑法》。

7 柯注：字面上的意思是「愛生」，含有膽怯的言外之意。

存在領域、走出生命所牽繫的熟稔關係，才能邁入共有的公共世界，那是真正的政治空間。從很早開始，那些敢於跨越家室門檻的人所進入的空間，就不再是豐功偉業與冒險挑戰的領域——在那領域中，除非與同儕攜手，否則可能無法進入，並期望有存活的機會。世界對這種強悍而具開創精神的冒險者開放，不過這世界雖是公共的，卻還不是真正意義的政治空間。有膽量的人們所冒險進入的領域，要成為公共領域，必須是因為這群人乃平等之輩——這群地位平等的人能夠彼此看見、聆聽，並欽慕對方的英勇事蹟，而這些事蹟隨後會因為詩人和說故事者所述之傳奇而永垂不朽。這領域發生的事情，相對於在私人領域和家庭中、在家屋四壁的安穩之中所發生的事情，顯現於耀眼光芒中，這種光芒只能在公共空間產生，也就是在他者出現的地方。這光芒是世上所有真實顯現的前提要件，但如果這光芒僅是公共的而不是政治的，就只是欺人耳目。當一切結束時，當軍隊毀掉營地、「英雄」（荷馬的英雄指的就只是自由人）返鄉之後，冒險與事業的公共空間就消失了。唯有當公共空間穩穩建立於城市之內，固定在一個具體的空間，而這空間見識過那些值得懷念的英勇行為、認識那些因其英勇表現而值得紀念的人的名字，從而使之代代流傳——唯有這樣，這公共空間才會變成政治的。對凡人浮游生命及轉瞬即逝的言行提供永久居所的這個城市，就是城邦；它是政治性的，因此不同於其他聚落（希臘人用另外一個字來指涉聚落：astē），因為它是刻意環繞公共空間而建造的，這空間就是市集，不論任何時候，自由人皆可以同儕身分聚會開議的地方。

政治與荷馬史詩故事的密切關聯，對於我們理解自由的政治概念、以及這個概念如何在希臘城邦中產生，是非常重要的。的確如此，不單是因為荷馬最後變成城邦的教育者，也因為希臘人對於城邦體制建立的思考，和包含於荷馬故事中的經驗密切相關。因此，將自由、不受任何專制統治之城邦的中心概念——也就是isonomia（自由建制）和isēgoria（相同的發言權）的概念——回溯轉置於荷馬時代，對希臘人而言並不困難，因為同儕中生命可能性之高貴經驗的典範，已在荷馬史詩中出現；或許更重要的是，也可以將城邦的興起視為對這些經驗的回應。這可以負面的方式發生——就像柏里克利斯在公祭演說中所談到的荷馬[8]。城邦必須建立，以確保人類言行的榮光有更穩定的

8　譯注：修斯提底斯在《波羅奔尼撒戰爭史》中以史家的角色記錄了雅典政治家柏里克利斯在波羅奔尼撒戰爭（西元前四三一－四〇四年，雅典聯軍和斯巴達聯軍的戰爭）開始第一年，雅典為陣亡將士舉行公祭當中的演說詞。鄂蘭所說的段落如下：「我們有把握一定會留下見證；我們的力量造就了豐功偉業，這將促使我們成為當代的奇蹟並且為後世傳頌。我們不需要荷馬或其他作家的讚美，他們的詩令人欣喜一時，雖然他對事實的呈現將無法經歷時間的考驗。……因為我們的英勇，迫使每塊土地和海洋為我們開道，並且在每一個地方友誼和敵人種下永恆的回憶。就是這樣一座城市，讓這些人為了她勇敢地奮戰與犧牲；他們無法想像倘若這城市落在他人手上將會有什麼樣的後果；為了這座城市，我們每個存活下來的人都應為她而戮力向前。」

居所，比詩人所記錄、並於詩中化為永恆的紀念更加穩固（修斯提底斯 ii, 41.）。但也可以從正面來看——就像柏拉圖曾經說的（《第十一封信》359b）城邦興起於戰爭或其他偉大事蹟的結合——也就是興起於政治活動及其內在的偉大性。兩種情況都好似荷馬的軍隊從未解甲歸田，而是在返回故里時重新集合，建城興邦，也因此建立了一個永遠強固的所在。不論這種永恆性未來會經歷何種變化，城邦空間的實質在荷馬的世界中一直和它的起源緊密結合。

當然在真正的政治空間中，對自由的理解會產生意義上的變化。開創與冒險的特點逐漸消失，而以前只是這種冒險的必要附屬條件——即他者的在場，與他者在市集的公共空間交往，即希羅多德說的 isēgoria——如今變成自由生命的真正實質內容。

在我們的自由概念傳統中，這種轉變很重要，也比希臘史上曾有的狀況具有更大的有效性；此自由概念中，行動與言說的觀念根據原則是保持分離的，可以說是對應於兩個全然不同的人類能力。從一開始，意即早在荷馬時代，這種言行分離的原則狀況並不存在，而這是希臘思想最引人注意和令人著迷的地方之一；表現出偉大行為的人必須同時也是偉大的演說家——不只因為宏偉的言論必須用以伴隨偉大行為，為之提供解釋，以免其落入緘默的遺忘中，也因為言說本身從最開始就被視為一種行動。人無法抵擋命運的襲擊，保護自己免於諸神的陷害，但是他可以用言說來抗拒並回應；雖然回應改變不了什麼，無法排除厄運，也不能帶來好運，但這種言詞本身就是事件。如果言詞和事件有同等地位，如果就像《安提岡妮》[9]的結尾所說，「偉大言辭」回應並回報「來自天上的巨大打擊」，接著發生的便是某種偉大的、值得記憶並獲得美譽的事情。此種意義的言說就是一種行動，而如果面對死亡的威脅仍以言詞力抗，殞落也可能變成一種英勇事蹟。希臘悲劇，即它的戲劇和其中展現的事件，就是以這種根本信念為基礎。

這種對言說的理解，凸顯希臘哲學對於logos（言說）之自動力量的發現，這種理解已經開始融入於城邦經驗，卻終究完全從政治思想傳統消失。從很早開始，意見的自由，包括聽見他人意見的權利，以及使自己的意見被人聽見的權利（這兩者對我們來說一直都是構成政治自由不可離分的成分），就取代了這另一種自由，後者雖然不牴觸意見自由，但卻特別和行動及言說連結，而言說就是一種行動。這種自由包含我們所說的自發性，根據康德，自發性乃奠基於每個人引發一系列事件、打造新事串的能力。行動的自由等於重新開始、啟動某事——此觀點在希臘政治場域的最佳例證可能是：archein這個同時意味著開創和領導的字。這雙重意涵顯然暗示著，「領導者」最

9 譯注：*Antigone*，希臘三大悲劇詩人之一的索弗克里斯（Sophocles）的作品。

早是指發動某事、並尋找夥伴以幫助他貫徹實現的人；這種貫徹之舉，這種將已經開始的某事做到終了，就是prattein這個表示行動的語詞的原始意義。自由之身和開始某事也有同樣聯繫，這在古羅馬的觀念中可以找到，即祖先的偉大包含在羅馬的創建之中，而羅馬人的自由永遠必須回溯到這個創建點——ab urbe condita[10]——開端的所在。奧古斯丁又為這種自由賦予取自羅馬人經驗的本體論基礎，他說人不是一直存在的，而是透過誕生來到這個世界，於是人本身就是一個開始，一個initium。康德的政治哲學透過他對於法國革命的體驗變成了自由哲學，以自發性概念為核心；雖然如此，只有到了我們這個時代，才實現了自由的強大政治意義，這自由就在於我們有重新開始的能力——也許正因為極權主義政體不滿足於僅僅是打壓意見自由，更有計畫地破壞所有領域的人的自發性。每當人們以決定論的語言將歷史—政治過程定義為某種從一開始就註定、有自己的法則、因此充分可知的事物時，上述作法就不可避免。但是和所有可能的預先決定論以及對未來之所知相對立的是，世界每一天都在透過誕生而更新，不斷透過每個新生命的到來的自發性而被拖入無可預期的新事物當中。只有當我們從新生兒那裡剝奪他們的自發性，他們開啟新事物的權利，世界的進程才能被定義為是受到決定論影響的、是可預測的。

對城邦而言，意見及表達的自由變成決定因素；它和內在於行動的創造新開始的能力不同，因為前者在很大程度上必須依賴他者的在場，必須有他人對我們的看法提出意見。即便如此，行動同樣絕對無法在孤立中發生，只有當新事物的發動者贏得他人的協助，他才能夠開始進行。在此意義上，所有行動都是「協同」進行的行動，這是柏克所喜歡說的：「沒有朋友或可靠的同志，就不可能行動」（柏拉圖《第七封信》325d）；所謂不可能「行動」，意思如同希臘文的動詞，prattein，貫徹並完成。但這只是行動的一個階段，雖然這個階段最終會決定人類事務的發展和樣貌，這是政治上最重要的階段。這個階段由創始為先導，即archein，但這種發動確實有賴於某個個人和他開創新業的勇氣；發動之舉決定誰將是領導者或archon，即primus inter pares（同儕中第一人）。單一個人，譬如赫丘力士，最後當然可能單獨行動，如果諸神幫助他成就英勇事蹟的話，他只需要其他人來確保他的事蹟會廣為流傳。雖然所有政治自由如果沒有這種自發性的自由，會喪失其最佳、最深刻的意義，但自發性的自由本身卻可以說是前政治性的；自發性對於共體生活組織形式的依賴，只在於最終還是要由世界來進行組織。但由於這自發性終究是源自於個人，因此仍有辦法保存自我，即使外在條

10 譯注：字面意思為「自建城起」，古羅馬人以羅馬建城之年為元年，以縮寫AUC紀年，羅馬元年為西元前七五三年。

件極為不利，譬如專制君主的侵犯。自發性表現在藝術家的生產力，也表現在每個獨力產製物品的人，而我們可以說，如果沒有首先被這種行動能力喚醒生命，生產是不可能的。然而，有許許多多人類活動只能在和政治領域保持某種距離的情況下才能進行，而對某些種類的人類生產性而言，此種距離確實是絕對必要條件。

彼此對話的自由，則完全不是這麼回事，這種自由只有和他者互動才有可能。自由的言說總是以許多不同形式出現，也具有許多意義，而即使在古代也有種奇特的曖昧性，一直延續到今天。但關鍵點古今皆然：不是一個人能夠只說自己想說的話，或者每個人都有表達真正自我的天生權利。重點在於，我們從經驗中得知，沒有人能只靠自己而充分掌握客觀世界的全部現實，因為這世界一向只從單一角度向某個人展現，這角度符合他在世界的立足點，也由其立足點所決定。如果某人希望看見並經驗世界的「真實」樣貌，則只能透過將之理解為某種許多人共有的東西，某種存在彼此之間的東西，將人們隔開，也將人們連繫，以不同方式向每個人展現；也只有當許多人能談論**相關**的種種，彼此交換意見和觀點，彼此參照比較，世界的「真實」樣貌才能夠被理解。只有在彼此交談的自由中，我們所談論的世界才能客觀而明顯地全方位浮現。生存於真實世界，以及彼此交談，基本上是同一件事；對希臘人而言，個人過生活似乎是「愚蠢的」，因為缺乏伴隨著與人談論事情而來的多樣性，因此也無法經驗到事情是如何真實運作的。[11]

不論是啟程去開創前所未有之新事物的自由，或是在言談中和眾多他者互動、並經驗世界在其全體中總是具備的多樣性的自由——這種運動的自由，非常可以確定過去不是、現在也不是政治的最終目標，亦即不是可以透過政治手段達成的。這其實是所有政治相關事物的實質與意義。在這意義上，政治和自由是等同的，一旦這種自由不存在，也就沒有真正的政治空間。一方面，能夠建立政治空間、捍衛其生存的手段，並不總是政治手段，也不必然是政治手段。用以形成和維持政治空間的手段，希臘人斷不認為它應當是政治性的，也就是，它不是構成一種包含在城邦本質中的行動。希臘人相信城邦的建立需要一個立法的動作，但是這立法者不是城邦的某個公民，而他所做的也絕對不是「政治的」。他們同樣認為，當城邦面對其他國家時，實際上不再需要從政治面來進行，而可以直接使用武力——不論是因為它的繼續存在受到另外一個社群的威脅，或因為希望他人臣服。換言之，我們今天所稱的「外交政策」，實際上並非希臘人所真正意指的政治。我們稍後會回到這個議題。這裡的重點是將自由本身理解為政治的，而非目標，更非必須透過政治手段達成的最高目標，也理解到強制

11 柯注：在希臘文，idion代表私人的、自己的、特殊具體的。

手法和原始外力一向是保護或建立或拓展政治空間的手段，但它們內在本身絕非政治的。它們對政治而言只是邊緣現象，因此也不是政治本身。

如此的政治空間實現所有公民的自由，也保證所有公民的自由，以及許多人討論過並證實過的現實。若我們尋求一個超越政治領域的意義，要做到的話，唯有像城邦的哲學家一般，選擇和少數人而非許多人互動，同時相信，自由與人談論事情，會產生的是現實而不是假象，是真相而非謊言。

帕門尼德斯似乎是第一個採取此觀點的人，他認為關鍵因素不在於將眾多不好的人和少數優秀的人區隔，如同赫拉克利特斯[12]那樣，這在衝突競爭的精神（agon）[13]中成為典型；這種區隔標誌著全部的希臘政治生活，要求每個人都不斷努力爭取成為最優秀者。但帕門尼德斯則區分了真理之道和欺瞞之途，前者只對作為個體的個人開放，後者則是不問目的、隨波逐流的人所走的路。在這方面，柏拉圖在某種程度上是追隨帕門尼德斯的。但柏拉圖採帕門尼德斯的作法，在這裡變得具有重要的政治意義，正是因為柏拉圖成立學院時採納了一個根本觀念，並將之實現，也就是不堅持特立獨行，而是讓少數人在自由交談中彼此討論哲學。

這位西方政治哲學之父以各種方式企圖反對城邦以及城邦所理解的自由，他的方法是建立一套政治理論，而這政治理論的標準不是從政治衍生，而是從哲學衍生；也發展出詳細的體制，其法律呼應的是只有哲學家可取得的觀念；最後他企圖影響他盼望會實踐這種立法的統治者——但這企圖幾乎使他喪失自由和性命。成立學院[14]是另一個類似的嘗試。此舉與城邦針鋒相對，因為學院成立在政治場域之外，但同時又是以希臘雅典特有的政治空間為精神而設置——也就是，學院的實質在於人的彼此交談。於是一個新的自由空間興起，和政治自由的領域平行，並以大學自由和學院自由的形式流傳至今。雖然這種自由是仿效源自政治經驗的自由，而柏拉圖原本設想的應該也是以這種自由作為可能的核心或起點，並由此界定未來眾人的共體生活，但實際效果卻是引進了新的自由概念。純粹哲學自由只對個人有效，對這個個人而言所有政治相關之事都遙不可及，而哲學家只剩下身體還留在城邦裡，相對比之下，凸顯出這種屬於少數人的自由本質上是政治的。柏拉圖學院的自由空間，本來目的是要作為一個能充分有效取代市集、廣場、城邦中的核心自由空間的地方。為了讓這個體制能夠

12 譯注：Heraclitus，約西元前五四〇－四七〇，古希臘哲學家，在主要探討宇宙自然的古代哲學家中，特別關心人存在的問題，由存在的生成面向去掌握自然存在底蘊。

13 譯注：此字特別指古希臘悲劇中主要角色的衝突競爭。

14 譯注：Academy，柏拉圖於西元前三八八或三八七年設立於雅典西北郊外，學者稱是後世學院制度的濫觴。柏拉圖學院一直延續到西元後五二九年羅馬皇帝亞斯帝尼安宣布解散為止。

成功，這群少數人必須要求他們的活動、彼此的交談，能擺脫城邦活動的參與，就像雅典公民不須日日勞動營生。他們必須能免除從事政治事務的義務（希臘脈絡下的政治參與），才能有空閒加入學院自由的空間，就如同公民必須能不必勞動以賺取生活所需，他才有時間議政為治。為了進入「學院」空間，他們必須離開現實政治的空間，就如公民必須離開家室的私人性而走向市集廣場。如同免於勞動和生活的操勞是政治人自由的前提要件，免於從事政治也是學院人自由的前提要件。

就是在這個時空脈絡下，我們第一次聽到政治是必要的，政治作為一個整體只是達到政治之外一個更高目的的手段，因此它必須從一個限定之目的的角度來合理化。值得注意的是，我們剛才舉出的平行對照並不真確——似乎學院自由就取代政治空間，而城邦和學院的關係就像家室和城邦的關係。因為家室（及其中所進行的維生的任務）從來沒有被合理化為一種達到目的的手段，像亞里斯多德所說的那樣，「生活」本身是為了達成只有在城邦中才有可能的「好生活」的手段。這既不可能、也不必然，因為手段與目的的範疇在生活本身的領域中無論如何也無法適用。生活的目的，以及與其密切相關的所有活動，顯然在於維續生命本身，而勞動營生的背後動力並不存在於生命之外，而是包含在生命過程中，它要我們勞動也要我們飲食。若欲以目的和手段的觀念來理解家室與城邦的關連，那麼在家室活動中維續的生命並不是達成政治自由之更高目標的手段，但是，管理控制生活要件以及家中勞動的奴隸，卻是人藉以擺脫營生之務並參與政治的手段。

柏拉圖所提議的哲王就是上述不受宰制的實現形式——少數人得擺脫俗務，透過統治眾人而能夠享有討論哲學的自由；不過事實上他的提議從來沒有被後來的哲學家所採用，也從未產生任何政治影響力。然而，學院的建立卻對今天我們依然理解的自由相當重要——正是因為學院的主要目的不像辯士派（Sophists）和雄辯家那樣，為政治生涯做訓練。柏拉圖自己可能認為學院有一天會征服並統治城邦。但是對他的繼承者以及後來的哲學家唯一有影響的議題是，學院保障少數人有體制化的自由空間，而從一開始，對於這種自由的理解確是對照市集的自由而獲得的。不實意見與欺瞞言說的世界，對立於真實以及與真相相符的言說的世界；修辭的藝術對立於辯證的科學。現在仍普遍存在我們關於學院自由的觀念，並定義這個觀念的，不是柏拉圖所希望的以學院為基礎去治理城邦，或以哲學塑造政治，而是一種遠離城邦的態度，所謂的離政治，或者對政治的冷漠。

此一脈絡下的關鍵點，主要不在於城邦和哲學家之間的衝突，而在於一個簡單的事實：一個領域對於另外一個領域的漠不關心，似乎暫時解決了上述衝突，但是這種態度並無法持久，原因正在於少數人及其自由的空間，雖然也是公共的、非私人的空間，卻可能無法負擔政治空間被指派的功能，因為政治空間包含了每一個人，而每個人都要有能力享有自由。每當這些少數人將自己與多數人隔離——不論是以學術對政治的冷漠或透過寡頭政治的形式——他們就會明顯變成依賴多數人，特別是在所有需要具體行動的共體生活事務上。在柏拉圖式的寡頭政治脈絡下，這種依賴可能意味著，許多人的存在是為了執行少數人的命令，也就是要負責執行所有真正的行動。在這種情況下，少數者對他人的宰制壓倒了他的依賴，就像自由人對家中奴僕的支配，讓他可以克服對於打理生活所需的依賴，意即以原始外力作為其自由的基礎。或者，如果少數人的自由為純粹學術性的，那它顯然要依賴政治體的善意去保證那個自由。但在兩種狀況中，政治都不再和自由有任何關係，因此也不再是希臘意義中的政治。相反的，政治關心所有保證自由存在的東西——也就是在和平時期關心行政以及生活要件的提供，在戰爭時則關注防務。如此一來，面對由多數人所決定的政治領域，少數人的自由範圍不但難以維持，其存在更必須依賴多數人。城邦的同時存在對於學院是非常重要的，不論是柏拉圖的模式或後來的大學。然而，結果是政治的全部被化約到一個較低的層次，其任務只是在城邦的公共空間當中維持生活。政治變成一方面是對立於自由的一種必需，另一方面也是自由的前提要件。同時，在城邦的自我理解中，政治那些原屬邊緣現象的面向，現在顯然變成整個政治領域的核心。對城邦而言，生活要件的提供以及自我防衛並不是政治生活的中心，它和政治有關係的地方，只在政治這個詞的真正意義，也就是相關事務不是由上而下決定的，而是由相互討論、彼此說服的人民所決定。不過一旦政治存在的理由被看成是保證少數人擁有自由，這一點就再也不重要了。重要的是，少數人無法掌控的那些生存的議題，全部都留給了政治。即便如此，政治和自由的某些關聯還是保留下來，但不是等同。自由作為政治的最終目的，對政治領域設下了限制；該領域中的行動判準不再是自由，而是保障生活所需要件的能力和效率。

從柏拉圖和亞里斯多德的時代以來，政治就在哲學的手中逐漸降等，而這降等完全是受到將多數與少數隔離的影響。它對所有有關政治意義這個問題的理論答案，造成相當特殊的影響，到今天依然顯而易見。然而從政治層面來說，它所達到的在古代是哲學學派的「離政治」，在現代則是大學的學術自由。換言之，其政治衝擊一直侷限在少數人，對這些少數人而言，真正的哲學經驗一直是優先議題，最具急迫性——這種經驗的本質會將我們帶離生活以及彼此交談的政治領域。

但這個理論效應不代表事情結束了；的確，這觀念一直到我們這個時代還盛行於政治領域和政治家們自我界定的方式上——政治是由存在於政治之上、之外的最終目標來獲得合理化，也必須如此，即使這些最終目標隨著時間過去已變得相當不登大雅之堂。這觀念背後是基督教對政治的抗拒和重新定義，在表面上看起來類似柏拉圖式對政治的低度評價，但事實上更為激進，也採取相當不同的形式。乍看之下，早期基督教似乎只是要求，古代學派所宣稱擁有的那種脫離政治的學術自由，能適用在所有人身上。當我們思考基督教對公眾的排斥，這種印象就更加強：政治領域和建立一個與現存政治空間分開的新空間齊頭並進，在這新空間裡信徒可以聚集，先是形成會眾，然後變成教會。但這種平行主義只有在世俗國家興起之後才獲得完全的實現，當然在這世俗國家中，學術自由和宗教自由是密切相關的，意即公共政治體在法律上保證兩者不受政治干擾。只要認為政治只關心人生活在共同體中所絕對必需的東西，即能使人（不管個人或在社會團體中）都能在政治和生活需求領域之外獲得自由，我們就有正當理由以一個政治體所包容的宗教與學術自由來衡量這政治體中的自由度，也就是以它所包含和維持的非政治自由空間的大小來衡量。

不受政治影響所造成的直接政治後果，使學術自由深受其利，這後果也可以追溯到不同於哲學家之經驗、但從政治條件看更為激進的經驗。對基督徒而言，重點不是應該建立一個對立於多數人空間的少數人空間，也不是建立一個對立於權威空間的每個人的空間，而是，公共空間本身，不論是給少數人或多數人，因為是公共的，所以都是無法容忍的。當德爾圖良說：「沒有什麼比公眾相關的事務與我們基督徒更疏離的了」（《辯辭》38），這裡的重點絕對是在「公眾」。早期基督教的拒絕參與公共事務，我們習慣從羅馬觀點將之理解為一種和羅馬諸神抗衡的神學，或從基督教的觀點，視之為一種解除俗世煩憂的末世論期待，這些都對。但這意味著我們無法看到基督教訊息中實際上反政治的宗旨，以及背後對於人類共體生活而言不可缺的經驗。毫無疑問，在耶穌講道中，善的理想所扮演的角色就像蘇格拉底教學中智慧的理想。耶穌反對被他的門徒稱「善」，而蘇格拉底也拒絕門徒說他「有智慧」。善的本質就是必須隱匿自身，不能如其所是顯現於世。整個共同體的人都嚴肅認為所有人類事務都應根據「善」來管理；也就是不害怕至少嘗試去愛他的敵人，以德報怨；換言之，將神聖的理想視同其行為標準，不是離開人群只拯救個別的靈魂，而是去管理人類事務——這樣的共同體只能選擇從公共領域退出，避開聚光燈。這是在隱匿中工作，因為被看到、聽到，不可避免會有外顯的光芒，如此一來，不論如何挽回，一切的神聖性都立即化為虛偽。

不同於哲學家之退出政治，早期的基督徒並沒有遠離政治而完全從人類事務的領域撤離。在最初幾世紀，當基督徒覺得最極端的隱士生活也可以被接受之後，這種退隱就變成了對耶穌講道最公然的否定。結果變成基督的訊息規定了一種生活方式，即人類事務完全從公共場域撤離，轉移到一種介於彼此之間的私人領域。歷史上的情況是，這種私人間的領域顯然處在公共－政治場域的對立面，被等同於隱私性，也可能兩相混淆。整個古希臘羅馬時期，隱私性被理解為公共場域的唯一替代選擇，而決定這兩個空間的因素是下面兩者的對立：一是希望透過顯現於向世界展示的東西，另一種則是只能在孤絕中顯現、因此必須保持隱匿的東西。從政治面看，關鍵因素是基督教追求這種隱蔽，而從這隱蔽之所宣稱，掌控了先前是為公共事務的東西。基督徒不滿意於只從事超越政治的善行；他們明白主張自己是「行義」，而在猶太教和早期基督教的觀點中，賑濟施捨都是一種義行，而不是慈善的表現——不過這種行為不能出現在人的眼前，不能被人看到，事實上，隱匿義行就要像左手不能知道右手在做什麼，也就是行為者必須被禁止看到自己的義行（《馬太福音》6:1 ff）。

談論這些議題時，我們不需細究歷史過程中基督教這種有意識而極端的反政治性格如何能成功轉化，而使得一種基督教的政治變得可能。除了伴隨羅馬帝國衰敗的歷史必然性之外，那其實是一個人的功勞：奧古斯丁；而這正是因為羅馬思想的非凡傳統依然活在他身上。這裡所發生的政治的重新詮釋，對於整個西方文明的傳統至為重要，而且不只是對於理論和思想的傳統，對於真實政治歷史後來在其中開展的架構亦然。一直到奧古斯丁，政治體本身才接受政治是達成更高目的的手段，而自由之所以是政治中的一個議題，只在於有某些領域是政治必須放手的。不論如何，免於政治干擾的自由，現在不再是少數人的專利，而是多數人的事，他們不應該也不需要關心統治之事，同時，關心人類事務必要的政治安排則變成少數人應該擔負的責任。但這責任或負擔不像柏拉圖以及哲學家所認為的，是源自人類複數性的根本處境——將少數人和多數人、個人和其他每個人結合起來處境。相反的，這種複數性是被肯定的，而使少數人擔負起治理責任的動機，不是因為害怕自己會被比他們更糟的其他人所支配。奧古斯丁明白要求聖者的生活要在「社會」中展開，他創造了「上帝之城」的觀念，即是假定人的生活在政治上也受到非世間條件的控制——雖然對於政治事務在另外一個世界是否依然是個負擔的問題，他並未置一辭。不論如何，願意承擔世間政治重擔的動機是愛鄰人，而不是懼怕鄰人。

由奧古斯丁的思想和行動所帶來的這種基督教的轉化，最終使得教會有能力將基督教朝向隱蔽的逃離予以世俗化，信徒甚至在世界之中建構起一個全新的、從宗教角度界定的公共空間，而這個空間雖然是公共的，卻非政治的。這信徒的空間是整個中世紀惟一一個可能容納特定政治人類行動的空間，但它的公共性一直是曖昧的。這主要是一個聚會的空間，而它所意味的不只是一個人們集會的所在，也是一個為了將人聚集起來的明確目標而建造的空間。但如果要保存基督教訊息的真正內容，它便不敢變成一個用於顯現、用於展示的空間。但這幾乎是不可能避免的，因為任何公共空間，如果是因眾人群聚所構成，本質上就形成一個展示的空間。基督教的政治向來都面對著雙重的任務：首先，是確定這個信徒所聚成的非政治空間不受外在的影響，即使它會影響世俗政治；其次是避免其聚會的空間變成展示的空間，從而將教會變為一種比較世俗、與其他無異的世間權力。這種與世界密切相關的狀態，是任何實體空間不可或缺的要素，也允許顯現和展示；在過程中，這狀態遠比其他從外而來的世俗的權利宣稱更加難以克服。當宗教改革最後終於成功將所有和顯現及展示相關的東西從教會移除，並將教會變成依福音精神隱居的人聚會的空間時，這些基督教會空間的公共性也就消失了。通常被視為公共生活和平製造者的宗教改革發生之後，公共生活並沒有隨之全面世俗化，此外，宗教也沒有因為世俗化而變成私人事務；即便如此，新教教會還是經常被迫要擔負取代古代公民權的任務——羅馬帝國亡國後，天主教會確實擔負了這個任務達數世紀之久。

我們不論怎麼談論這種假設的可能性和替代選擇，決定性的重點都在於，隨著古典時代的結束以及基督教會公共空間的建立，世俗政治依然和人因為生活於共同體而產生的生活要件相關；也和更高領域所提供的保護相關，而這更高領域一直到中世紀結束時都可見於教會之存在，以空間形式出現。教會需要政治，包括世俗權力的人間政治以及基督教會領域內宗教導向的政治，才能在這世上維持自身並自我主張——也就是，作為可見的教會而相對於不可見者，後者的存在由於只關信仰，因此完全沒有被政治所觸及。而政治也需要教會；不只需要宗教，也需要宗教體制那可見的、空間的存在——以證明其更高的正當性和合法性。隨著現代的到來而改變的不是政治實際功能方面的改變；不是政治突然被派定了某種專屬於它的尊貴高位。改變的是某些場域中，政治似乎變成必要的。宗教領域降回私人面，而生活與生活要件的領域在古代和中世紀都被視為私人領域之最，現在卻取得新的尊貴地位，以社會的形式突進公共領域。

在此必須對十九世紀平等主義的民主體制和現代初始的開明專制在政治上做區別：前者，全民參與治理是人民自由的絕對指標，不論其參與形式為何；後者則認為人民的「平等和自由在於有法律的政府，根據眾法，人民生活和財貨大多為其所有：這不是為了參與政府，那與他們無關。」[15]在這兩者中，政治都由此成為政府的活動領域，而政府的目的是保護社會的自由生產力以及個人私人生活的安全。公民與國家的關係不論為何，自由和政治都截然分隔；具有正面、自由開展之活動意義的自由，現在被侷限於一個領域，它所涉及的是原本即不可能為所有人共有的東西，也就是生

15 柯注：此為英國查理一世在被斬首之前所言。

命和財產，那些大多屬於我們自己的東西。社會空間以及社會性的、非個體生產力的新現象，大大擴展了這個私人擁有權的領域，也就是idion的領域——希臘人認為在這個領域耗費時間是「白痴般」愚蠢。但這絲毫沒有改變一個事實，維持生命和財產所需的活動，或說其實是為了改善生活和增加財產的活動，關係到的是必要性而非自由。現代所期望於國家的，是將人釋放出來去開發他們的社會生產力，共同生產「幸福」生活所需要的財貨，這方面國家實際上也做到很大的程度。

國家被視為社會之器，或者是為了社會自由而存在的必要之惡，這種現代的政治觀念普及於人民主權和國家主權觀念全然不同的理論及實踐當中；受古代的啟發，這觀念在現代所有革命中一而再、再而三地浮現。只有在這類革命中——從十八世紀的美國和法國大革命，到距今不久前的匈牙利革命[16]——參與政府治理的觀念和自由的觀念之間才有直接的關連。不過，至少到現在為止，這些革命，以及革命所提供的內在於政治行動之可能性的直接經驗，仍無法建立新的國家形式。即使民族國家興起，普遍的想法都是，捍衛社會的自由不受外在或內在敵人的侵犯，必要時甚至可以使用武力，就是政府的責任。公民參與政府治理，不論形式如何，一直被認為對自由是必要的，但其原因只在於國家必然擁有武力，因此它在使用該武力的時候必須受到被統治者的控制。另外還有一個見解，即權力是隨著政治行動領域的建立而產生，不論此領域範圍為何，自由只能透過不斷監督此權力的運作才能保護自己。今天我們所理解的憲政體制，不論是君主立憲或共和制，本質上都是由受治者所控管的政府，其權力和武力的使用皆受到限制。毫無疑問，這種限制和控管是以自由之名而存在，為了社會也為了個人的自由。其觀念是儘可能限制政府治理的範圍在必要程度內，以便實現超越政府治理所及範圍的自由。重點不在於使行動以及在政治上行動的自由變得可能，至少主要重點不在此。這些都還是政府及專業從政者的特權，他們透過政黨制度的迂迴方式，將自己交給人民，做其代理人，在國家中代表人民的利益，而有時也會反其道而行。換言之，即便在現代，政治和自由的關係也用來表示政治是手段，而自由是其最高目標。雖然自由的內容和幅度已經歷巨大轉變，但關係本身並無改變。這便是為何關於政治意義的問題，今天一般是以特別古老的範疇和概念來回答，也因為古老而受到可能超乎尋常的評價。即使現代在政治面、知識面和物質面，都與從前的時代截然不同，也沒有改變上述情況。從前不被允許在公共生活中出現的部份人類，

16 譯注：一九五九年匈牙利發生全國性抗暴運動，反對史達林政府及其匈牙利附庸政府的統治，要求人權及言論自由、蘇聯軍隊撤出匈牙利。新政府雖建立並宣佈退出華沙公約，但只維持幾天，即被蘇聯強力鎮壓，二千五百名匈牙利人死亡，二十萬人逃亡國外。此次革命在匈牙利成為言論的禁忌長達三十年，直到蘇聯解體之後才紛紛出現研究與討論。

即女性和工人階級，他們的解放其實已給予所有政治問題一個徹頭徹尾的新樣貌。

將政治定義為一種為達成外在目的——也就是自由——所採取的手段，這種定義在現代只能適用於非常有限的範圍，雖然它一再被提及。所有回答政治意義問題的現代答案中，這是最接近西方政治哲學傳統的答案；在關於民族國家的反思中，這答案非常清楚地在一項原則上揭顯：外交政策的優先性。一般認為由蘭克最先提出的這項原則，是所有民族國家的根本。但現代治理形式的平等主義性格以及工人和女人的解放（這兩類人的解放最具革命性的面向表現在政治條件上），更具特色之處在於：以國內政策優先性為基礎的國家定義，根據此定義，「國家，作為武力的持有者，是為社會所不可或缺的生活體制」（艾申布格，《德國國家與社會》〔Theodor Eschenburg, *Staat und Gesellschaft in Deutschland*〕p. 19）。國家和政治是獲得自由不可或缺的體制；這兩個體制對於生活是不可或缺的——這兩種觀點其實是站在無法彼此跨接的對立面，儘管贊成者很少察覺到此。自由抑或生活，何者被設定為最重要的善，也就是作為引導和判斷所有政治行動的標準，不同的立場就會造成天壤之別。若依其本然，而不論其變化，將政治視為源自城邦而且仍由城邦負責，那麼政治與生活的聯繫導致一種內在矛盾，它取消並破壞特屬於政治的政治性。

這種矛盾最明顯的表現是：要求參與政治的人在某些情況下必須犧牲生命，這向來是政治才有的特權。當然也可以從另一個角度來理解這種要求，即個人受感召為了社會生活的存續而犧牲自己的生命，而這還存在一種狀況，即冒生命的危險至少必須有個限度：如果冒著生命危險所為之事也會傷害人類生命，那麼沒有人能夠、且可以這麼做。我們將回頭探討這個關連；我們對此有充分察覺，只因為我們從未像現在如此掌握了終結人類及所有生命的可能性。事實上，幾乎任何我們所繼承的政治範疇或政治概念，用最近的可能性加以衡量的時候，都證明在理論上已過時，實踐上也無法適用，原因就在於，在某種意義上，生命首次變成外交政策的重大議題，也就是人類的存活。

如果將自由和人類的存活連結，我們也沒有因此擺脫自由與生命的對立，那首先點燃所有政治的星火，也依然是所有政治專有的德性的衡準。我們甚至可以主張——這主張具有相當合理性——當代政治關心所有人最赤裸裸的生存問題，這正是世界處於災難狀態的最明顯徵兆，這災難連同其他威脅，大有可能將政治世界廢除。如果一切按照應然情形而進展，涉足政治者最不需擔憂的就是自己的生命；而現在，加諸他們的危險，也並不會危及社會生命或國家或民族的生命，雖然他也許必須犧牲自己的生命。唯一陷入危險的是自由，他自己的自由以及個人所屬團體的自由，隨之遭遇威脅的還有一個穩定世界的安全感——這世界是團體或國家生存的所在，也是世世代代的勞動為了替所有行動和言論提供可靠而永久的家園所建立的地方，而行動與言論正是真正的政治活動。在一般情況下，即自古羅馬時期以來歐洲普遍的情況，戰爭確實是政治以另一種方式的延續，意思是，如果敵對者的一方決定接受另一方的號令，戰爭總是可以避免。那種接受可能會以自由為代價，但不是生命。

這種情況今天已不復存在。當我們回首，那都像失樂園。即使我們生活的世界，也不能從現代衍生、或視之為內在於現代的自動過程，但我們的世界卻是從現代性的土壤生成的。用政治語言來表示，以生命為最高目的的國內政治，以及以自由為最高之善的外交政策，其真正本質都在原始外力的使用以及動用此武力的行動。最後，關鍵問題是國家作為「武力擁有者」而組織起來，不論決定該武力的最終目的是生命或自由。然而今天，政治意義的問題涉及的是，以此為目的而使用的公開武力手段適不適當。以下的簡單事實激起了這個問題：原始外力本應用來捍衛生命和自由，卻變成無比強大的力量，不只對自由產生威脅，更威脅到生命本身。很明顯的，國族動用的原始外力將所有人類的生命過程套上問號，結果現代世界對於政治意義所提出的原本就已極為含糊的答案，變得加倍可疑。

武力和毀滅手段的瘋狂成長不只是因為科技的創新而變得可能，也因為政治、公共的空間已變成武力的場域，現代世界在理論的自我認知上以及原始現實展現上皆如此。單是這一狀況，就足以使科技進步變成聚焦在相互大規模毀滅的可能性。每當人集體行動，就會產生權力；而由於人的集體行動本質上是發生在政治場域，因此內含於所有人類事務的潛在權力，便顯現在由武力所主宰的空間。結果武力和權力看似一模一樣，而在現代情境下，兩者確實大致相同。但就其起源及內在意義，權力和武力並非一致，在某種意義下甚至是對立。武力實際上是一種個體或少數人的現象，而權力只有多人才可能產生，每當武力和權力結合，就會造成潛在武力暴增：武力雖然是衍生自有組織的空間之權力，卻像所有的潛在武力，是以權力為代價而成長、發展。

自從原子武器發明以來，這時代最重要的政治議題就是武力應該在國際事務上扮演什麼角色，以及（或者）武力手段的使用如何可以被排除於國際事務之外。但武力主導而犧牲所有其他政治因素的現象，更早就出現；最先是在第一次世界大戰，在西線進行的大規模機械化戰鬥。應該注意的是，武力這種毀滅性的新角色，那種不受控制的自動發展，而且在所有參與者中不斷壯大，確實讓沒有準備的國家、政客或輿論大為吃驚。事實上，武力在公共、政府治理領域的成長，可以說悄悄發生，讓該領域的行動者措手不及，而且是在歷史上最平和、或說最不暴力的世紀發生。現代世界以勝於以往的決心，把政治視為保存和促進社會生活的唯一手段，因而致力於將政治特權降低到極小；現代世界開始相信，自己可以把武力的問題處理得較以往所有時代更好，這想法不無道理。事實上它所達成的是：原始外力幾乎完全排除；人對人的直接宰制；以及不斷擴張的社會生活。工人階級和女性的解放，清楚代表這種發展的最高點，這兩種人類範疇在前現代歷史上一直是受制於外力的掌控。

原始外力在社會生活中的增長，實際上是否可以等同於人類自由的提升，這個問題我們現在姑且不論。無論如何，就政治傳統的角度來看，不自由可以表現在兩種情況。首先是發生在當一個人受到另外一人的控制之時；但也發生在當一個人受制於生命的赤裸需求時，這確實也是比較原始的意義。勞動相當於強制力的活動，生命是透過這種強制力迫使我們去滿足自己這些需求。在所有前現代社會中，一個人可以免於這類勞動，方法就是透過外力或宰制，強迫他人為他勞動。在現代社會，勞動者並不受制於任何原始外力或宰制力；他是受到生命內在的直接必要性[17]的強制。於是在這裡，必要性取代了外力，但問題依然在：原始外力的強制力抑或必要性的強制力比較難以抵抗？再者，社會的全面發展（至少在發展達於自動化而不再需要勞動之前）正不變地往下述方向前進：即將所有成員變成「勞動者」，變成不論從事什麼活動、皆以提供生活要件為主的人。也是在此意義上，將原始外力從社會生活排除，現在卻只變得為生活加諸每個人的必要性留下比以往更大的空間。必要性，而非自由，支配了社會生活；必然性的概念開始主宰所有現代的歷史哲學，而現代思想在這裡尋求其哲學取向和自我理解，這些都不是偶然的。

將外力從家室的私人空間和社會的半公共領域移除，是相當有意識在進行的。為了讓人在日常生活得以不受外力強迫，公共之手或國家所運用的武力必須增強，一般相信，國家的武力使用可以受到控制，因為國家武力被明確定義為僅是一種手段，是為了達成更偉大的社會生活、或生產力之自由發展的目的。現代心靈從未想過，原始外力的手段自己也會變得「有生產力」——也就是，它會以同樣的方式成長，程度甚至更勝於社會中的生產力——因為真正的生產性領域是和社會相連的，不是國家。國家就其性質而言，被認為是一種不具生產力的現象，在極端情況下甚至是寄生現象。正因為武力只限於國家領域，而國家在立憲政府下是透過政黨制度而受到社會的控制，因此一般相信武力是降到足以維持常態的最低程度。

然而，我們知道實際情況正好相反。被視為歷史上最和平、最不暴力的時代，卻直接導致最龐大、最駭人的武力手段的發展。這只能用吊詭來形容。沒有人料到武力和權力會結合，而這只會發生在國家的公共領域，因為只有在這領域人們才會集結並

17 譯注：Notwendigkeit, necessity：鄂蘭於論述中窮盡了這個詞的意義，從生活需求到歷史必然性的涵義，本文譯法則隨這交叉於古代與現代、內在力量與外在力量的對比的脈絡，譯為需求、必要性或必然性。

產生權力。不論多麼狹隘界定這個領域的特權，不論一個憲法和其他控制手法如何精確限定這個領域，都沒有任何差別；它屬於公共、政治場域的這個事實，就產生了權力；而假如像在現代，這權力完全只將焦點放在原始外力，那它必然會終結於災難，因為這力量是從個體的私人領域轉移出來，原原本本搬到多數人的公共領域。前現代時期一家之主統理家庭所運作的力量是如此之大，將之形容為專權政體都不為過；但無論此一家之主力量如何絕對，它還是受限於運用的個人。從經濟和政治角度看，那是個徹底無力之力。這種力量的運用對於家室中臣屬者誠然不幸，但不論多糟，武力手段在這種環境下從未能盛行。這類手段無法變成對所有人的威脅，因為沒有人獨佔武力。

我們觀察到：政治作為手段的領域，其目的和標準必須向外尋找，這樣的觀念其實相當古老而受到敬重。然而同樣這種觀念也是我們現在所處理的，而最近的發展使這觀念變得非常可疑，原本是政治的邊緣議題，現在成了所有政治活動的核心——從前的邊緣議題，指的是捍衛政治、提供維生所需以便確保獲得政治自由時，偶爾會是必要的原始外力；藉由使用武力為手段，達成維持並組織生活的最高目的，邊緣議題成為核心問題。危機在於，政治場域現在威脅的正是以往似乎是政治存在之唯一正當理由的東西。在此情況下，政治意義的問題本身就改變了。今天的問題幾乎不在於「政治的意義為何？」世界上所有感受到政治威脅的人，包括那些有意識和政治保持距離的優秀人員，他們自問、也問他人一個更為相關的問題：「政治究竟還有意義嗎？」

如上簡述，這些問題底下的主要觀點所關心的是「政治真正是什麼？」數世紀以來，這些觀點幾乎不曾改變。唯一真正的改變是，原本以某種立即而合法經驗為基礎所做判斷的實質內容，很久以前就演變成偏見——譬如，以哲學家或基督徒的經驗為準而評斷並譴責政治，也有對這種評斷的糾正以及對政治所做的有限的合理化辯解。偏見在政治、公共場域扮演的角色愈來愈大、愈具正當性。那些偏見是對於我們彼此自動共享的那些事物的反映，我們不再對這些事情做任何判斷，因為不再有真正的機會去直接經驗。凡此類偏見，只要是正當的，而不光是閒聊，皆為形成於過往的判斷。沒有人可以擺脫偏見；因為完全不具偏見的生命需要一種超凡的警覺，隨時準備面對真實世界的全面性，接受其挑戰，有如每天都是創世紀的第一天也是最後的審判日。偏見並不等於愚蠢閒談。正因為偏見具有一種內在的合法性，所以只有當偏見不再能執行其功能，也就是唯有當偏見不再適於幫助正在進行判斷的人解除某些現實部分的負擔，人才可能和偏見正面遭逢。但就是在這點上，偏見和現實產生衝突，開始變得危險，人們覺得在思考的時候不再能受到偏見的保護，於是開始將它美化，變成某種理論倒錯的基礎，這種理論倒錯我們稱之為「意識形態」或「世界觀」。用某種通行的悖反的世界觀去對抗由偏見衍生的意識形態，從來沒有什麼用。唯一有幫助的作法是以判斷取代偏見。這樣，我們不可避免會被引回包含於偏見中的判斷，也回到包含於其中的經驗，而判斷最初就是源自那經驗。

在當前的危機中，偏見阻礙著對於政治究竟所為為何的理論認識，偏見涉及了幾乎所有我們習於用以思考的政治範疇，尤其關係到手段／目的的範疇，將政治視為存在於政治之外的最終目標；也關係到一個觀念，即政治的實質就是原始外力；最後更涉及宰制乃所有政治理論之核心的信念。這些判斷和偏見，都源自於對政治的不信任，而這當然並非沒有道理。當前對於政治的偏見中，這種古早的不信任再一次轉化。自從原子彈發明以來，不信任感就奠基於一種相當正當的恐懼之上，即政治和武力手段大有可能毀滅全人類。從這種恐懼又產生希望，希望人們會恢復理智，消除政治的世界而不是消滅人類。但這個希望和恐懼一樣難以成立。因為只要有人類的地方就會一直有政治，上述想法本身就是偏見；而社會主義式無國家的最終人類狀況——對馬克思而言意味著無政治的最終狀況——根本不是什麼烏托邦，而是徹底的可怕。不幸的是，馬克思的歷史見解勝於他的理論，在理論中，他通常只是表達可以被客觀證明的歷史趨勢，並為之賦予更鮮明的概念焦點。而政治領域的萎縮就是可以被客觀證明的現代趨勢之一。

本文一直在探討多數人以及其中所產生的世界，而這主題的性質規定我們的討論絕不應忽視公眾意見。然而根據公眾意見，今天戰爭和原子武器對於人類的威脅，又重新點燃關於政治意義的問題。因此以對於戰爭問題的思索繼續我們的討論，是很合乎邏輯的。

戰爭的問題

當第一顆原子彈落在廣島，意外迅速結束了第二次世界大戰，新一波的恐怖卻傳遍全球。同時，這恐怖感絕非空穴來風，沒有人知道會多嚴重，因為一顆原子彈在幾分鐘之內就可以把整座城市夷為平地，而原本這得要有系統大規模的轟炸數星期或數個月才能做到。古代世界裡，戰爭不只能毀滅整個民族，也能將他們居住的世界變成荒漠；這種情況在現代重現：柯芬特里的轟炸讓專家明白這個狀況，而對德國城市的大規模轟炸則讓整個世界明白了。德國已是廢墟遍野，它的首都瓦礫成堆，但就現代戰爭的架構，也在人類、或應該說人類彼此之間的事務領域（這正是政治之所為），二戰的原子彈是突然達到的一個最高點；不論如何，事件其實一直朝向這個最高點前進，並且速度愈來愈快，原子彈雖然代表科學史上某種絕對新奇的東西，它也只是一個捷徑，向這最高點一躍而去。

此外，使用武力手段摧毀世界，消滅人類，既非新鮮事，也不可怖，而那些向來相信斷然譴責武力，最終必然導致斷然譴責一般政治的人，光是過去幾年的時間，或者更確切地說，從氫彈發明以來，他們的想法就不再正確了。在毀滅世界時，被摧毀的其實正是人類的雙手所建立的架構，而毀滅所需的原始外力正好符合必然存在於所有人類生產創造過程中必要的暴力。毀滅所需的武力方法，可以說是根據生產工具的樣貌而製作的，而每個年代的技術手段也都包含兩者。人所製造的可能又被人所破壞；人們所破壞的，可以再建造起來。破壞的能力和製造的能力平衡共存，彼此並立。破壞世界、對世界施加暴力的那種能量，和我們手中所掌握的，對自然施加暴力、毀滅自然事物以建立自己世界的能量是一樣的——比如我們會砍樹，以便取得木材，做些木製品。

破壞和製造的能力平衡並立，這樣的立論並不是無條件的。它只對人們所製造的東西有效，但對從最廣義的行動所產生的較為無形、但不會較不真實的人類關係領域，這立論就不成立了。我們稍後會回來談這一點。當前處境的關鍵點在於，真實的物的世界中，破壞與重建的平衡可以維持，唯一條件是相關的科技只應付純粹的生產；但自從原子彈發明以來，就不再是如此了，雖然我們依然生活在一個由工業革命所界定的世界裡。但即便在這人為的世界中，我們所處理的也不再僅僅是轉化為其他事物而重新出現的自然事物，更有人類模仿自然而創造、並直接引進人類世界的自然過程。這些過程的特徵，就像內燃機的運作過程，主要是以爆炸的形式發生，從歷史方面而言，則是以災難的形式，每次爆炸或災難都將過程往前推進。今天幾乎所有生活面向都處於這樣的過程當中，爆炸和災難不會導致滅亡，只是構成一個不斷地由同樣的爆炸所推動的進步——雖然在這裡我們對這種進步的曖昧價值不表贊同。從政治角度觀之，要理解此種進步的最好方式，就是想想德國的慘敗如何扮演重要角色，使它躍升為歐洲當今最現代的先進國家；而其他國家落在其後，若不是因為還沒有像美國一樣完全由科技所塑造，生產與消費過程的步調使得災難變得不必要，不然就是因為它們還沒有經歷過明顯的破壞，比如法國所曾經歷者。現代科技以及它將人類世界所帶入的進程，並沒有阻斷生產與破壞的平衡。相反，這些密切相關的能力在過程中變得更為糾纏不清，以致於即使大規模進行生產與破壞，最終也會形成兩種不同但幾乎無法區別的階段，兩者隸屬同樣一個持續進行的過程，舉個日常的例子，拆掉一棟房子不過是建造另一棟房子的第一步，而即使蓋新房子，這房子也有它精心計算過的使用壽命，可以推斷它是永無止境的拆除與重建過程的一個部分。

常有人懷疑——這懷疑有幾分道理——生活在此一過程中的人們，這個由他們自己啟動、而即使進步也不可避免導致災難的過程中，是否仍可駕馭和控制他們所建造的世界以及其中的人類事務。尤其，這一切最令人驚愕的就是極權主義意識形態的興起，在此意識形態中，人們將自己看做是他們所啟動的災難過程的擁護者，人的主要功能變成為這不斷進展的過程服務，幫助它加速前進。雖然其中的呼應令人不安，我們絕不應該忘記這些只是意識形態，即使人們強取自然能量以為己用，它還是以馬力來計算，也就是以自然為基礎並直接從環境中擷取的單位。人成功剝削自然，使自己的力量不只倍增，甚至百倍增長，如果我們抱持聖經的觀點，這可以視為是對自然的蹂躪，聖經中的人是被創造來關心土地、服務土地，而不是強迫土地為其服務。但不說誰服務誰，或者神令誰不能獲得服務，不能否認人的能量，不論用於生產或勞動，都是自然現象；那原始能量是這能量中的一種可能性，本身也是自然的：最後，人只要是在運作自然力，就是處於土地的、自然的領域，那是人的力量以及他作為一種生物所屬之處。即使用自己的力量，並輔以取自自然的能量去創造一個完全非自然的世界——也就是某種光靠「自然」方式而沒有人的運作絕無法產生的東西——也沒有改變上述事實。換言之：只要製造和毀滅的能力平衡，則一切事物都按照一向的方式進行，極權主義意識形態如果對於人成為他所啟動之過程的奴隸有什麼表示，其言論頂多如虛幻幽靈，會被以下的事實所抵消，即人主宰著他所建造的世界，也仍然掌握著他所創造出來的破壞潛能。

要改變這一切，唯有原子能的發現才有可能，或者應該說是一種由核能過程所推動的科技發明，因為這裡所啟動的不是一個自然的過程。而是非於土地上自然發生的過程被帶到這世上，創造世界，或毀滅世界。這些過程本身來自環繞著地球的宇宙，人在試圖掌控這過程時，不再能作為一個自然有機的存在而行動，而是一個能設法適應宇宙的存在，雖然它只能在土地及其自然所提供的條件下生活。這些宇宙能量不能用馬力或任何世間的尺度來衡量；它們屬於一種非土地的自然，因此能夠摧毀地上的自然，就像人們所操縱的自然過程可以毀滅自己所建造的世界。當人類第一次聽聞原子彈，那狂掃而來的驚恐，是來自宇宙的能量、真正超自然的東西所帶來的驚恐。破壞範圍從建築到大街，摧毀的性命無以計數；這規模在此如果有任何重要性，不過是因為在啟動如此大規模的死亡與毀滅時，這種新發現的能量源頭，從誕生的那一刻起就有一種詭異而令人難忘的象徵力量。

這種恐怖很快和一種並非比較不合理的義憤之情相混合，甚至被後者超越，而這義憤之情可能更是恰當的反應；之所以有這種反應，是因為這種目前依然有絕對優勢的新武器，居然被拿來在人口稠密的城市測試，雖然也可以在沙漠或人煙稀少的島嶼引爆，當做一種示威。這種義憤也部分預示了某種我們現在才知道的可怕真相，任何具有權力的參謀總部都無法否認的真相，那就是：一旦戰爭爆發，交戰團體就不可避免會動用到任何派得上用場的武器來打。這是已知的事實——只要戰爭目標不再受限，只要戰爭不是以交戰政府簽訂和平條約告終，而是要打到你死我活，則勝利的目標就是將敵人從政治上和實體上徹底消滅。二戰僅僅暗示了這種可能性，它潛藏在要德國和日本無條件投降的要求中；但種種可怕面向第一次傾巢而出，是當落在日本的原子彈突然向全世界證明，全面毀滅的威脅不只是空話，而是達成全面毀滅的工具就在手上。現在當然沒有人懷疑，若根據這種可能性做邏輯推斷，第三次世界大戰只會結束在失敗者的完全滅絕。我們已然被全面戰爭所奴役，幾乎無法想像，若美蘇大戰爆發，美國憲法或現在的蘇聯體制在敗亡之後還能倖存。[18]但這並不代表未來的戰爭不會是關於權力的得與失，關於邊界、外銷市場或生存空間（Lebensraum）之類，也就是那些可以透過政治討論而不用武力來達成的事情。這意味著戰爭不再是談判的最終手段，談判破裂的那一刻，戰爭的目標就決定了，以致所有後續的軍事行動都不過是政治的延伸。目前處於危急關頭的，當然是某種絕對不能去談判的東西：一個國族及其人民的存亡。當戰爭不再假定敵對各方的共存為既定條件，不再只是尋求以武力結束衝突——則此時，戰爭頭一回真正不再是一種政治手段，而是變成殲滅的戰爭，開始跨越政治所設定的邊界，並消滅政治自身。

現在稱為「全面戰爭」的概念，我們知道是源自與之糾結難解的極權主義政體；

殲滅戰爭（Vernichtungskrieg）是唯一適合極權主義體制的戰爭。全面戰爭首先是由極權統治的國家所宣布的，但如此一來它們就不可避免將自己的行動原則強加於非極權主義的世界。一旦此種牽涉廣泛的原則進入世界，實際上當然就不可能將之限制在極權主義國家和非極權主義國家之間的衝突。當原本造來對抗希特勒德國的原子彈落在日本時，這一切就都明白了。讓人義憤的一個原因——但不是唯一原因——在於日本雖然確實是帝國主義強權，卻並不是一個極權主義政體。

擴展到所有政治或道德考量之外的恐怖，以及本身就是立即政治和道德反應的義憤感，兩者共通之處在於了解到全面戰爭的實際意義，並意識到全面戰爭現在是既成事實，不只對於極權主義統治底下的國家及其所造成的衝突是如此，對整個世界亦然。整個民族的滅絕和整個文明的剷除，在文明世界的中心本已不再發生，從羅馬人時代在原則上就已經不可能，而到了過去三、四個世紀實際上也不可能；現在卻以迅雷不及掩耳的態勢，將自己推進到沒有什麼不可能的不祥領域。這態勢的出現是對極權主義威脅的回應——顯然如果不是因為害怕希特勒的德國可能會生產和使用原子彈，沒有一個科學家會想到要製造原子彈來抗衡；雖然如此，這種可能性馬上變成現

18 柯注：鄂蘭在寫本文時，美蘇戰爭似乎一觸即發。

實，而這現實和將之引爆的東西幾乎沒有任何關係。

在這裡，也許這是現代史上的第一次——雖然幾乎不存在於有記錄和記憶的歷史——暴力行動內在原有的範圍被超越了，這範圍宣示著原始外力所帶來的毀滅，永遠必須只是局部的，只影響世界的某些部分，只取某個數量的人命，不論那數量要怎麼決定，但絕不是殲滅整個國家或民族。不過歷史上也常常發生整個民族的世界被夷平的事情，城牆被拆除，人們遭殺害，其他的人被賣做奴隸等等，只有在過去幾個現代世紀，人們才要相信這種事情不能再發生。我們多多少少明白這是政治的少數幾種不赦之罪。這不赦之罪，用比較不那麼崇高的說法是對於暴力行動內在原有範圍的逾越，它包含兩件事。首先，謀殺不再是關於某個個案中必死人數的多寡，而是關於一整個民族和他們的政治建制，兩種都帶有不朽的可能性——就其政治建制而言，指的是它的意涵。第二點又和第一點密切相關：暴力在此不只施加於被製造出來的東西——這些東西在某個時刻也是透過外力而形成的，因此可以透過外力再度起造；暴力更施加於存在這製成品世界的歷史與政治現實——一種因為不是製成品所以無法重建的現實。當一個民族失去政治自由，也就失去了政治現實，即便它在實體上居然也存活下來了。

這種情況下，消失的不是一個因製造而來的世界，而是一個由人類關係所創造出來的行動和言說的世界，一個永遠不會終結的世界，它雖然是由蜉蝣般的事物、稍縱即逝的言詞和倏忽被遺忘的行止所編織而成，卻具有如此不可思議、恆久的韌性，在某些狀況下，比如猶太民族，當可觸及的製成世界消失了好幾個世紀之後，它居然還能生存下來。但那是例外；通常這種由行動建立的關係體系，其過往是透過不斷言說以及被談論的歷史的形式而持續存在，這體系只能在人類所製造的世界中存在，寄居在建造世界的石塊內，一直到他們能夠再度言說，並在言說中做出見證，即便他們必須先被人從土裡挖掘出來。這整個真實的人類世界，比較狹義而言形成了政治領域，這領域確實可能被原始外力所破壞，但它不是從暴力產生，它本來的命運並不是被人用武力消滅。

這種關係的世界（die Welt der Bezüge, the world of relationships）肯定不是從個人的力量或能量所產生，而是從許多人所產生，從個體的集結中產生權力，而這權力甚至會使最強的個人力量都變得無力可施。此權力可能由於各種因素而減弱，就像它也可能因各種因素而更新；如果原始外力是全面的，無堅不摧，以致於無人倖存，那麼光靠此外力就可能徹底而永遠將權力毀滅。兩種可能性都存在於極權主義統治的本質；這體制不滿足於只是威嚇待在家中的個人，還利用有系統的恐怖手段消滅所有的人際關係。與這種恐怖對等的是全面戰爭，全面戰爭不以摧毀具戰略重要性的軍事目標為滿足，更由於現在技術可及，它要毀滅人與人之間所產生的整個世界。

西方文明的政治理論和道德規範向來努力把殲滅戰爭從政治工具的彈藥庫中排除，要證明這點並不困難；而更容易的可能是指出，這種理論和要求其實很沒有效力。很奇怪的，正是對於這種事情——從最廣義來說它關乎人用以律己的文明行為——柏拉圖說過的一件事可以適用：他說，詩以及詩所提供給我們的意象和模式，「藉由美化祖先的千百種行為來教育我們的後代」（《費德羅斯篇》245a）。古代世界中，至少從純粹政治方面而言，這種具有教育意味的美化鋪陳最偉大的主題就是特洛伊戰爭，希臘人在這場戰爭中看到他們祖先是勝利者，而羅馬人在他們的祖先中看到被征服者。[19]於是他們成為孟森喜歡說的古代的「孿生民族」，因為同樣一樁事業，卻同時被視為是兩個民族的歷史經驗開端。即便現在，希臘人對特洛伊的戰爭或許仍可看為殲滅戰爭的原型——這場戰爭結束於特洛伊城的完全毀滅，直到現在都可能讓人覺得這座城市從來不曾存在。

因此，在思忖又一次威脅我們的殲滅戰爭的政治意義時，首先讓我們想想這個最古早的範型及對它的鋪陳——希臘人和羅馬人在很多層面上是一致的，但對立的情形也同樣所在多有，尤其因為在以詩歌鋪陳這場戰爭時，雙方也都（對別人、但在某種程度上也對自己）界定了政治真正的意義為何，以及在歷史應該佔有何種地位。最重要的是，荷馬的史詩之歌並未靜默地略過被征服者，它為赫克特也為阿奇里斯做見證，雖然希臘之勝與特洛伊之敗已無可挽回地由諸神的旨意所決定，但這並不使阿奇里斯更加偉大或使赫克特更渺小，也不會使希臘人發動戰爭的原因更為正當，或使特洛伊的自衛較不具正當性。荷馬讚頌這場在其時代已是數百年前的殲滅之戰[20]，他所用的鋪陳方式在某種意義上——也就是在詩與歷史的回述中——取消了這殲滅。荷馬不偏不倚（Unparteiischkeit, impartiality）的偉大態度並非現代意義下價值中立的客觀性，而是完全不受特定利益影響，也充分獨立於歷史的判斷；相對於歷史，他所依賴的是涉事者的判斷，以及他們對於偉大的見解。他不偏不倚的姿態聳立於所有歷史書寫的開端，而不單是西方歷史書寫的開端。我們所認識的歷史，以前從未存在任何地方，也未有任何歷史被書寫，因為並未受到荷馬典範的影響，甚至間接的影響亦無。我們發

19 譯注：特洛伊城位於今土耳其西北的安納托利亞，傳說希臘人和特洛伊人的戰爭在此發生，因荷馬史詩《伊里亞德》、《奧狄賽》而傳頌至今，亦成為羅馬文學的素材。故事大致是特洛伊王子帕黎斯，小亞細亞國王普里安之子，受宙斯神意之影響而強奪斯巴達國王曼尼勞斯（Menelaus）的皇后、原為特洛伊人的海倫（Helen），引發希臘眾邦團結起來攻打特洛伊城，戰爭長達十年之久，最後是希臘人佯裝退兵，留下一座巨大木馬，而內伏一支精兵，特洛伊人中計，終遭焚毀。這個傳說對於鄂蘭在本文後段分析古羅馬人的政治經驗很重要。

20 譯注：荷馬據稱生活於西元前九到八世紀，而廢墟考古發現特洛伊城大約被焚於西元前一二五〇年。

現後來的希羅多德有同樣的想法，他說要避免「希臘人或異邦人的豐功偉績被湮沒遺忘」(《歷史》I, i)——這觀念，就像布克哈特所說，「絕不會發生在埃及人或猶太人身上」(《希臘文化史》III，頁406)。

我們很清楚知道，希臘人將殲滅戰爭轉化為政治戰爭的努力，從未超越荷馬的歷史回述，毅然決然以史詩救贖那些被擊敗和毀滅的人，而希臘最後就是因為沒有能力進行這種轉化，導致其城邦化為廢墟。希臘城邦用它的方式定義政治，因此面對戰爭時選擇了一條不同的路。希臘人環繞著荷馬式市集形成城邦，市集是自由人集會交談的場所，而這活動將真正屬於「政治」的東西——意即屬於城邦、而不屬於所有異邦人及不自由人的東西——集中在這個聚集、共處、彼此交談的世界；他們在代表說服及影響能力的佩多（Peithō）神的象徵下放眼整個競技場，地位平等者在此交談，而進行支配者是說服的能力，不用武力或強制決定任何事情。另一方面，戰爭及其所包含的原始外力，完全從真正政治的領域被排除，政治只在城邦公民之間產生，也在其中取得有效性。在面對其他國家或城邦時，城邦整體是以武力行動，也就是以「非政治」方式行動。而必然產生的結果是，這種軍事行動使得原本既非統治者亦非臣民的公民的基本平等性變成無效。由於戰爭沒有命令和服從則無法發動，也由於軍事決定非關辯論與說服，因此戰爭就像希臘人所認為的，屬於非政治領域。我們所理解為外交政策的一切，同樣都屬於該領域。在這裡，戰爭不是以另外一種形式延續的政治，正好相反：談判和條約的簽訂，是以另外一種形式，以狡猾欺騙的方式，所延續的戰爭。

荷馬對於希臘城邦發展的影響，並不止於這種其實只是負面的排除，也就是將武力從政治場域排除；它的結果是，戰爭繼續如同以往般發動，強者為所能為，而弱者必得承受（參考修斯提底斯，〈梅里安對話錄〉）。詩人對於特洛伊戰爭的描述所產生的全面的荷馬式效果，可以在下述過程中找到，即城邦如何將競爭的概念吸收到組織形式中，這不只是合法的追求，在某種程度上也是人類共體活動的最高形式。希臘人的競賽精神，無疑地可以幫助我們解釋（如果這種事情可以解釋的話），何以在希臘數世紀的黃金年代中，每個知識領域都集中產生了任何歷史、任何地方皆無可比擬的偉大天才與重要人物——而一般所稱的這種希臘競賽精神，絕非單純不斷努力證明自己在任何時候、任何地方都是最好的，而是一個荷馬本人談論到的主題；這主題對羅馬人確實深具意義，以致其語言中表述此主題的動詞 aristeuein（做最好的），可被理解為不只是一種努力，也是構成生活整體的活動。此相互競爭的模型，仍被視為如同赫克特和阿奇里斯的戰鬥，除了輸贏之外，要給每個人機會去證明自己真正的實力所在，也就是於現實中展現，進而充分發揮。希臘人和特洛伊人之間的戰爭也是如此，他們第一次有機會去真正展現自己。戰爭反映著諸神間的爭執，這不只為地上發生的戰鬥賦予充分意義，也明示了兩方面皆受到神意影響，即使某個人已註定要滅亡。攻打特洛伊的戰爭有兩面，荷馬從特洛伊人的角度看，也透過希臘人的眼光看。所有具有兩面的事物，只在戰鬥之中才展現其真實樣貌——荷馬揭顯此一事實的方式，也隱藏在赫拉克利特斯的陳述中：戰爭「是萬物之父」（斷簡B53）。在此，戰爭原始外力的可怕，乃直接由人的實力和能力衍生，而人只有當某事或某人反對他們、測試他們的勇氣耐力時，才能展現其內在能量。

在荷馬那裡幾乎無法區分的兩大元素，即英勇事蹟的純粹力量，以及伴隨英勇事蹟並左右聆聽會眾的偉大言論之魅力，後來可以看到很清楚地分開：一是在運動比賽，這提供希臘人齊聚一堂，欣賞非暴力實力展現的機會；另一是在演說比賽，以及那些發生在城邦之中永無止境的對話角力。荷馬史詩中，僅存在於人對人的戰鬥中的事物兩面性只發生在言說領域，每一次勝利結果都可能像阿奇里斯的勝利一般模稜兩可，而每次的失敗都可能像赫克特的失敗一樣值得稱道。但是演說比賽並不侷限於演說者所採取的正反立場，演說者當然會在他們所採取的立場中展現自己的人格，因為每次演說，不論刻意表現出多麼「客觀」，都無法避免會以一種難以界定、但卻令人信服的方式將演說者揭露。在此，荷馬的特洛伊戰爭史詩所提供的這種兩面性，也接收所討論題目的豐富多重性，只要有為數眾多的講者對為數眾多的聽者談論這題目，題目就會受到公眾公開檢視，其所有面向也因此無所遁形。只有在這種多重性中，一個人以及同樣的題目才能在充分現實中展現，而我們必須記住，有多少人在討論一個題目，那個題目就會有那麼多的面向，也顯現在同樣多的角度中。因為對希臘人來說，公共的政治空間屬於所有人（koinon），所有事物的多面性首先就在這公民聚集的空間中被辨認出來。先從兩個對立面、再從所有側面看同一件事情的這種能力，最主要是以荷馬式的不偏不倚為基礎，此乃古代特有；古代人熱衷於此的強度連我們這個時代都無法超越——這種能力也是辯士派某些技巧的重點，其重要性在於將人的思想從教條的限制中解放，如果我們追隨柏拉圖，以道德理由譴責辯士派，便會低估他們在這方面的重要性。然而，相對於城邦成功建立起來的政治領域，他們在論辯方面的非凡技巧還是次要的。關鍵因素不在於一個人現在有辦法扭轉論證，顛倒立論，而是人獲得了真正從各種側面看•論題的能力，也就是說從政治角度看論題——結果，人們了解如何採取真實世界所提供的許多可能觀點，從那些觀點看待同一個題目，而在這些觀點中，每個題目容或有其單一性，卻以各式各樣的角度出現。這已遠超過僅是將個人利益擺在一旁，如此只會導致負面的獲得；再者，與我們自身的利益切斷關係會有失去與世界聯繫的危險，連帶也切斷對世界中的客體及發生在世界中的事務的聯繫。從各種立場看同一件事的能力存在於人類世界；也就是將我們天生具有的立場，和與我們同處於一個世界的他人之立場進行交流，造成真正心智世界的移動自由，而這和我們在物質世界的遷移自由是平行的。能夠說服並影響他人，是城邦公民在政治上的互動方式，這種能力預設了一種自由，即不論是心智或身體的自由，都並非無可挽回地牢繫於自己的立場或觀點。

希臘人獨特的理想，也包括他們對屬於政治面之特定資質的標準，在於phronēsis，政治人的洞見（政治人politikos，但不是政治家，這種人甚至不存在），[21]這和亞里斯多德對比於哲學家的智慧而凸顯並定義的智慧沒有太大關係。這種對政治議題的洞見，不過是對看待和判斷一個議題的所有可能立場和觀點，能夠做最大可能的掌握。接下來數百年，幾乎沒有人談到政治洞見這個東西，而這對亞里斯多德而言是政治人最重要的美德。一直要到康德對常識作為一種判斷力的討論中，才會再看到。他稱之為「擴大的心智」(erweiterte Denkungsart, enlargement mentaliry)，並清楚定義為「從每個其他人的立場來思考」的能力（《判斷力批判》§40）。不幸，這種最高政治美德在他自己的政治哲學中，也就是在他發展出來的無上命令中，幾乎沒有扮演任何重要角色，這一直是康德的特色；無上命令的效力衍生自「與自己一致的思考」，以及理性，如同立法者並不預設其他人的存在，只有一個不自我矛盾的自己。事實上，康德哲學中真正的政治能力不是立法的理性，而是判斷，在擴大的心智中，判斷有能力凌駕其「主觀私人的條件。」[22]就城邦的狀況，政治人有令其與眾不同的獨特優異性，他同時也是最自由的人：而多虧那種使他能夠考慮所有立場的洞見，所以他享有最大的移動自由。

同時，我們必須記住，政治人的自由絕對有賴於他者的在場以及平等地位。只有當同儕在場，從他們各自的種種角度看事情，事情才能揭顯其眾多面向。一旦他者及其具體觀點的平等性被廢除，譬如在君主專制底下，所有事、所有人都成為專制君主立場的犧牲品，沒有人是自由的，也沒有人能夠產生洞見，連專制君主本身都無此能力。此外，政治人之自由的最高形式是和敏銳洞見相符合的，這種自由與意志的自由（或羅馬人的libertas，或基督教的liberum arbitrium，自由選擇）幾乎沒有任何關係——實際上希臘文並沒有任何字指稱這些概念。獨處的個人從來不自由；只有當他走進城邦，在城邦中採取行動，他才會變成自由的。自由在變成一種賦予一個人或某種人——譬如與異邦人相對立的希臘人——的榮譽標誌之前，不過是人類自我組織的一種方式。其起源所在從來不是內在於人，不管內在所謂為何；也不在人的意志，或他的思考或情感；毋寧說是在人類之間的空間，這空間只有當獨特的個體聚集時才會產

21 柯注：前面引用過的柏拉圖的《政治家篇》，Statesman，希臘文稱為Politikos。

22 柯注：鄂蘭在一九七〇年時講述過她所稱的康德的「未成文」的政治哲學。參考鄂蘭，《康德政治哲學講課》（*Lectures on Kant's Political Philosophy*, ed. R. Beiner, Chicago: University of Chicago Press, 1982）。

生，而只有當他們保持共處才能持續存在。自由有一個空間，得以進入的人都是自由的；被排除在外的人都是不自由的。進入的權利，即自由本身，是一種擁有，它對人生命的影響不亞於財富或健康。

因此，在希臘的思考方式裡，自由根植於地方，繫於一地，規模有限，而自由空間的範圍符合城牆圈圍的部分，這城就是城邦，更精確地說是包含其內的市集廣場。邊界之外首先是異域，那裡的人無法自由，因為他們不再是公民，或者應該說，不再是政治人；其次是私人家室，在那裡沒有平起平坐者，所以也無法擁有自由，因為唯有平等之眾才構成自由的空間。對於是什麼構成政治、公共事務、res publica（共和國）等等的概念，羅馬人和希臘人相當不同，但上述第二點對他們同樣具有重大意義。對羅馬人而言，家庭這個空間中，人不是自由的，我們看到孟森甚至將羅馬字familia翻譯成帶有「奴役」之意。然而這種奴役有兩個理由，第一個理由是pater familia（家長）是名符其實的君主或專權者，統治著他的大家室——而妻、子、奴隸構成家室familia，他沒有任何與他平起平坐的人，而他必須在平等者面前才能以自由者出現。第二個理由是，一人所統治的家室不允許鬥爭或競賽，因為它必須是一個統一體，而能破壞這統一體的唯有衝突的利益、立場和觀點。在該種狀況下，多重面向自動被消滅了，而能夠自由四處移動就是自由的主要實質，包括自由行動與言說。換言之，自由的闕如就是統一體不分裂的前提要件，而這不分裂的統一體對於在一個家庭中共同生活的重要性，就如同自由與競爭對城邦共體生活的重要性。這使得自由的政治場域有如一個孤島，是唯一一個把原始外力和強制原則排除於人類關係之外的地方。在這小地方之外的一切——一方面是家庭，另一方面是城邦本身和其他政治單元的關係——都臣服於強制的原則以及伴隨力量而來的權利。因此在古代觀點中，個體的地位完完全全由他某個時候正好身處的空間所決定，以致於如果他是某個羅馬人父親的成年兒子，「必須聽命於其父，但他也可能作為一個公民，而有能力命令他的父親」（孟森，頁七一）。

讓我們回到我們的出發點。我們試圖反思荷馬所鋪陳的特洛伊殲滅戰爭，兼及希臘人如何能夠處理原始外力的殲滅性元素，那不只毀滅世界，也毀滅政治領域。希臘人似乎將競爭與戰爭的軍事世界區隔；沒有競爭則阿奇里斯或赫克特都不會出現，也不能證明自己的實力；而原始外力的起始地則在戰爭的世界。但希臘人將兩者區隔時，競爭就被轉變為城邦以及政治領域的一個統整元素。同時，不論爆發什麼戰爭，對戰爭的失敗者和被征服者之遭遇的關懷則留給詩人與史家，而我們也必須注意，他們的作品，而不是引發作品的事蹟，變成了城邦及其政治的一部分，就像菲狄亞斯[23]及其他藝匠的塑像作品，他們的作品必然成為公共政治領域可觸知的人間成分，而這些人雖擁有專業，卻不被視為是平等者或自由公民。但卻是阿奇里斯不屈不撓致力於出類拔萃、獲得不朽榮光的形象，成為在城邦中凸顯希臘人作為人之典範的標準。廣泛而言多數人的必要之現身，以及具體而言許多平等者的出現——也就是市集，荷馬式的集會場所——在對抗特洛伊的戰役中可以變成事實，這只是因為有許多「君主」，也就是居於家室中孤立的自由人，集結在一起，共同投入一樁偉大事業；每個人都參與了，因為只有在共同的努力中，他才可能在遠離家園、遠離家室框限的地方獲得榮耀。這種荷馬式的英雄聚會，現在已經被剝奪了當時那種嚴格來說具有冒險性的特色。城邦和荷馬的市集有穩定關係，但這集會場所現在已成為永久現象，不像軍隊駐紮的營區，工作結束就拔營，要等到再過好幾個世紀，有一個詩人出現，在諸神與人們面前嘉勉他們的豐功偉績，賦予他們應得的不朽名聲。但我們從修斯提底斯所記載的柏里克利斯的演講知道，處於巔峰的城邦現在希望投入同樣的競爭，不用原始外力，不用史詩詩人或吟遊詩人來保證他們獲得名聲——那是凡夫俗子得以不朽的唯一途徑。

羅馬人是希臘人的孿生民族，首先因為他們作為一個民族的起源，是源自一個相同的事件，即特洛伊戰爭，其次因為他們自視為埃涅伊斯（Aeneas）而非羅慕洛斯（Romulus）的後代[24]，就像希臘人相信自己是厄該亞人[25]的後代一樣。因此他們刻意將其政治存在回溯到一場失敗的戰役，從那裡再度站起，在陌生土地上建立一個新城市——不是建立不曾聽聞的新的東西，而是重新建立某種舊的東西，為埃涅伊斯在逃離之前曾經拯救的家神，即特洛伊皇室供奉的諸神，建立一個新家園——和他的父親、兒子，跨海在拉提姆[26]締建一個新家。就像魏吉爾在他對於特洛伊傳說的希

23 譯注：Phidias，約西元前四八〇－四三〇，希臘雕刻家、畫家、建築師，雅典衛城帕德嫩神廟的雅典娜女神塑像即出自其手，被譽為古希臘最卓越的雕刻家。

24 譯注：根據魏吉爾的史詩，埃涅伊斯是維納斯之子，特洛伊的英雄，特洛伊雖遭焚城，埃涅伊斯卻逃出，展開一連串冒險，最後根據神的指示，抵義大利中部，他在拉提姆定居，娶當地國王的女兒，卻引發一場與其前男友的對峙爭奪，埃涅伊斯勝出，創造了新的拉丁族裔，為羅馬的建立奠定基礎。而根據李維（Livy）的《羅馬史》，三百年後，西元前八世紀左右，第十四代的羅慕洛斯和他的孿生兄弟雷慕斯（Remus）受到叔父阿木柳斯（Amulius）欲永保王位的計畫陷害，其母遭火焚，剛出生的雙胞胎本因被溺斃，卻由母狼所救，長大後成功復仇，殺死阿木柳斯，後因統治權問題兄弟鬩牆，羅慕洛斯勝出，以自己的名字為新的城市命名，為羅馬第一位國王。

25 譯注：Achaeans，荷馬史詩《伊里亞德》《奧狄賽》經常用此字稱希臘人，嚴格來說，此字指稱的民族是居住於波羅奔尼撒北部的厄該亞。

26 譯注：Latium，義大利半島中部。

臘、西西里以及羅馬版本的演義中所說，這裡的重點是消解赫克特的失敗和特洛伊的滅亡：「另一個帕黎斯燃燒起另一把火，再度將佩佳姆斯[27]焚毀」（《埃涅伊斯記》viii, 321f）。這是埃涅伊斯的任務，而如果這項任務是焦點，那麼真正的傳奇英雄不是阿奇里斯，應該是抵禦丹涅伊斯人[28]、十年未讓其得逞稱勝的赫克特。但這不是關鍵。關鍵在於：特洛伊戰爭在義大利土地上重演，翻轉了荷馬詩中的關係。如果埃涅伊斯是帕黎斯和赫克特的繼承者，他所引燃的火再一次是和女人有關，但這次不是因為海倫，而是他的妻子拉維妮亞，他就像赫克特面對了阿奇里斯無情的憤怒一般，只不過他的對手是特努斯，特努斯明白地這樣自我介紹——「告訴普里安[29]，這裡也可以找到一個阿奇里斯」（《埃涅伊斯記》ix, 742）——但戰鬥一開打，特努斯（阿奇里斯）就落荒而逃，而埃涅伊斯（赫克特）緊追不捨。而就像荷馬版本中的赫克特，他顯然沒有把名聲和榮耀放在第一位，而是「於戰鬥中落敗，是家族祭壇的捍衛者」，埃涅伊斯也是如此，使他拋棄黛多女王[30]的原因不是想到英勇事蹟會贏得光榮，因「痛苦和努力並不值得稱頌」（《埃涅伊斯記》ix, 232ff），他是想到兒孫後代，出於對名譽的在乎以及家族延續的關懷，而這對羅馬人而言意味著世間的不朽。

羅馬人的政治存在就是如此源自特洛伊及其所陷入的戰爭，這故事最先是以英雄傳奇的傳統形式出現，而後經刻意踵事增華而益形豐富，成為西方歷史中最不凡而令人驚嘆的事件。這就像一個充分實現的現實，將自己和荷馬詩篇中精神性的、詩的曖昧性及公正性並立；以往不曾實現、也不可能在歷史上實現的事情成真了：那就是讓戰敗者全力以赴的目標獲得充分公平的對待，不是讓後代論斷敗者為寇：他們總是可以像大迦圖[31]那樣說：「victrix causa diis placuit sed victa Catoni（勝利的表現讓諸神滿意，但戰敗者的努力迦圖喜歡）」，[32]他們是由歷史本身的進展來評斷。荷馬以讚美的詩篇吟唱戰敗者的榮耀，顯示出同一事件如何可以同時有兩面，以及詩人何以沒有權利用一方的勝利對另一方進行二度打擊、或說二度殺害另一方，荷馬的作法已經是史無前例的。當我們回想，羅馬人首度記錄殲滅其國的希臘人時，作為特洛伊人後代的羅馬人和與他們有親戚關係的伊利安人結盟了，於是我們馬上理解，這個民族的自我詮釋對於其現

27 譯注：Pergamus，特洛伊城一堡壘名。

28 譯注：Danaeans，荷馬史詩中希臘人的另外一個指稱。

29 譯注：Priam，特洛伊最後一位國王，赫克特與帕黎斯之父。

30 譯注：Dido，羅馬神話中迦太基（Carthage）的建國者暨女王，愛上埃涅伊斯，因後者的離去而失望自殺。

31 譯注：Marcus Porcius Cato，史稱Cato the Elder，西元前二三四－一四九，羅馬政治人物，出身於軍功卓越的庶民家庭，但立志從政，西元前一八四年當選羅馬監察官，企圖重振羅馬古風以對抗希臘的影響。

32 柯注：盧坎，《內戰》（Lucan, *Pharsalia*, I, 128）。譯注：盧坎（西元後三九－六五）為古羅馬詩人，其史詩《內戰》描繪大約發生於百年以前的羅馬內戰。

實的構成，是多麼重要而不可或缺的部分。當這種事情實際發生在現實世界時，似乎又更令人驚奇一點。西方歷史的最開端確實發生了一場戰爭，而這場戰爭可比美赫拉克利特斯所定義的「萬物之父」，因為它迫使單一事件在歷史中以其原本具有的對立面向顯現。從那時候開始，不論在感覺世界或歷史—政治的世界，一個東西或一樁事件要等到全部面向都被發現、所有側面都獲得揭顯，並且從人類世界中每個可能的立場被認識和表達之後，這事情才取得完整的現實。

也許只有從這種羅馬的角度——重新燃起戰火以扭轉先前的殲滅命運——我們才能理解殲滅戰爭的真正影響，以及為什麼它無法在政治中取得地位，而這和道德考量是遠不相關的。假如確實只有當一件事情能夠從每個側面去顯現和被感知，這件事情在感覺和歷史—政治的世界中才**是**真的，那麼就必須永遠有眾多個人或民族以及眾多立場的存在，才能使現實成為可能，並保證其延續。換言之，只有當存在著複數觀點，世界才會形成；只有在特定的時間，時而由此方看、時而由彼方看，世界才會作為世間事物的秩序而存在。當一個民族或國家，或者只是某個特定的人類團體被殲滅，那麼消失的不只是一個民族或國家或特定數量的個體；因為每個特定團體會提供從它在這世界的特定位置所產生的獨特世界觀，而這世界觀不論如何產生，並不能馬上被複製，一旦它消失，隨之毀滅的是我們這個共通世界的一部分，是世界的某個面向，而這個面向現在才向我們揭顯，但從今以後無法再度呈現。因此殲滅不只相當於一個世界的終結，也帶走那毀滅這世界的人。嚴格說來，政治所關涉的與其說是人，不如說是在人之間形成、並超越這些人的世界。當政治變得具有破壞性，造成世界的終結，它所破壞和殲滅的就是自己。易言之，世界上如果有更多的民族，彼此間都具有某種關係，則中間便會形成更多的世界，而那世界也會變得更大更豐富。當一個國家內有愈多立場，透過這些立場看同樣一個庇蔭所有人、且平等對所有人呈現的世界，這個國家對世界就愈有重要性，也愈開放。另一方面，萬一發生劇變，世上只剩下一個國家，而其國內的事務變成每個人都只從同樣的觀點看每件事情、理解每件事情，生活在完全彼此同意的狀況下，那麼這世界在歷史—政治意義上來說就是結束了。那些還留在世上的無世界（worldless）的人類就和我們沒有太多相同，比較像是歐洲探險家在新大陸上發現的那些如同植物般茫茫生長的孤立部落，對這些部落，歐洲人有的會將之吸收到人性世界，有些則加以剷除，而不曾了解到他們也是人。換言之，唯有當一個世界存在的時候，真正意義的人才會存在，而唯有當複數的種族所意指的不單只是同一物種的增生，那麼真正意義的世界才會存在。

這便是為什麼，下面這個事實具有如此重大的意義：即在義大利土地上重覆的特洛伊戰爭——羅馬民族將其政治與歷史存在源頭上溯到這場戰爭——其結果不是殲滅被征服者，而是締約結盟。重演這場戰爭絕對不是煽動舊火，或回復到舊的結果，而是為戰爭之火注入新的結果。締約結盟，就其起源以及羅馬人為之賦予如此豐富的意義而言，是和國家間的戰爭有著密切關係，根據羅馬人的事物觀，那也代表著每個戰爭本來的追求。這裡帶著一點荷馬的色彩，或者甚至早於荷馬的某種東西，因為他是為特洛伊的英雄傳奇賦予最後詩的形式的人。這作法包含著一種意識，即人與人之間即使最具敵意的對抗也會產生某種共通的東西，原因正在於，如同柏拉圖所曾說的，「做的人做了，而受苦者亦承受了」（《果加斯篇》476d）。情況確實如此，當施作與承受的行為都結束時，可能都變成同一件事件的兩面。但那意味著事件本身已經從衝突被轉化成其他的東西，呈現在詩人記憶與讚美的眼光，或史家回顧的凝視當中。然而在政治上，只要戰役是在被征服者完全被消滅、而另外一種對抗形成之前中止，那麼與衝突相屬的那種敵意的對抗，可能還停留在人之間的對抗。每個和平條約，即使不是真協定而是強迫接受的苛刻協定（Diktat），都涉及新的秩序安排，其對象不只是敵意未爆發之前即存在的事物，更包括在敵意存在過程中出現的新事物，那是行為者和承受者所共有的。這種從直接殲滅轉化到某種不同而且持久之事物的過程，已經可以在荷馬不偏不倚的表述中看到，這作法至少不讓戰敗者的榮光和名聲消失，並永遠將阿奇里斯之名與赫克特之名串連。但對希臘人來說，這種將敵意對抗加以轉化的作法只侷限在詩和記憶，並沒有達到直接的政治效果。

從歷史上來看，締約結盟是源自古羅馬的核心政治概念；同樣確定的是，這兩種觀念對古希臘人的心智以及他們所理解的城邦政治領域的構成來說，都相當陌生。定居義大利土地的特洛伊後代所遭遇的事情，恰好正是在希臘人碰觸到其極限因而終結的地方發展出政治。在羅馬人那裡，政治不是在一個城市中同樣階層的公民當中發展出來的，而是從異邦之人以及勢不均、力不敵的民族第一次在戰場上遭逢開始。我們也注意到，競爭以及隨之而來的戰爭，確實也標示著希臘人政治存在的開端，但它的意義在於希臘人透過衝突而發揮自我，爾後團結起來致力保存他們自己的本性。對羅馬人而言，同樣的這場競爭成為他們辨識自己以及對手的手段。因此當戰爭結束時，他們並沒有撤退到城牆之內，獨自享受著榮耀。相反的，他們獲得某種新的東西，一個新的政治場域，受到和平條約的保護，而在這條約之下，昨天的敵人變成明天的盟友。在政治上，將兩個國家結合的和平條約，允許新的世界在兩者之間產生，或更確切地說，會確保這個他們共享的新世界得以延續——這新世界因戰場上的遭逢而產生，而在戰鬥中，施作與承受的行動產生了一模一樣的東西。

戰爭問題的解決——不論是否原本就是古羅馬的觀念，或是後來經過他們對特洛伊戰爭的追隨增添而設想出來的——它變成了法律概念的起源，而羅馬的政治思想對法律及法律的形構所賦予的無比重要性，也是源自於此。羅馬法（lex）和希臘所理解的nomos（普遍法）相當不同，甚至相反，它事實上是表示「持續的關係」，很快又演變成「契約」，不論是指公民私人的契約或國家之間的條約協定。結果法律變成某種連結人與人的東西，它不是透過苛刻協定或武力行為而形成，而是透過彼此間的同意。隨著戰爭暴力而來的法律構成，亦即這種持續關係的建立，本身受到正反提案的束縛，也就是受到言說的束縛，在希臘人和羅馬人眼裡，言說對於所有政治都是最核心的部分。

但是有一個最重要的差別：立法活動以及法律本身，只有對羅馬人而言才屬於政治領域；希臘人則認為，立法者的活動和城邦內真正的政治活動及公民的事務絲毫無關，制定法律者甚至不需要是城邦公民，可以在城邦之外完成任務，就像受委託提供城市之所需的雕刻家或建築師。相反的，羅馬十二表法[33]雖然有些細節是以希臘模式為基礎，卻不是一個人獨力完成的，那是兩個敵對派系間的契約，也就是貴族和庶民[34]之間的契約，它需要全體人民的同意，即consensus omnium，而羅馬史學家認為這一點在法律形構上扮演了「獨特角色」[35]。法律之契約性質有意義的地方在於，這部回溯到羅馬國家（populus Romanus）的建立的基本法，並非藉著泯除貴族與庶民間的區別來將爭執的雙方結合。正好相反：對於貴族與庶民通婚有著明確的禁令，也比以往更清楚的強調兩者的區隔，雖然後來禁令解除了。只是兩者的敵對狀態被擱置在旁；但對羅馬人的心智而言，這個安排之所以變成法律事項，是因為從今而後有一項契約，一種持續的關係，將貴族與庶民彼此連結了。從這個契約所產生、並演化成羅馬共和的 res publica，即公共事務的生活，是發生在先前敵對兩造之間的中間位置。於是在這裡，法律變成在人與人之間建立新關係的某種東西。如果法律將人彼此連結，那麼它不是在自然法的層次上這樣做，不是所有人都根據內在良心的聲音，或基於由上而下向所有人頒布的誡令，而對同樣一件事的善惡做相同的認定；它的意義在於一種契約夥伴間的協議。由於類似的協議只有當雙方的利益都被認可時才可能形成，這基本的羅馬法也是有關「創造一種將雙方納入考量的普通法」（艾特海姆，頁二一四）。

評估羅馬法律概念帶給政治的豐碩影響，和道德考量是相當不同的——道德考量在此必須只是次要的考慮；為了做正確評估，我們必須簡短回顧希臘人對於法律原初

33 譯注：根據李維記載，羅馬十二表法大約於西元前四五一到四五〇年所制定，由負責法制的十二人小組將法律先後提交公民大會通過，分刻在十二塊銅板上，豎立於羅馬城內廣場上。

34 譯注：「庶民」泛指古羅馬時期的羅馬公民，有別於奴隸和貴族階級，羅馬庶民有著經濟地位上升的空間，有的甚至會變得很有影響力。

35 柯注：法蘭茲．艾特海姆，《羅馬史》（Franz Altheim, *Römische Geschichte*, II, 232）。

樣貌大異其趣的理解。對希臘人來說，法律不是協議也不是契約；法律不是從人與人之間言詞和行動的往返交流產生，因此不屬於政治場域；法律本質上是由立法者所構想，並且必須在它進入政治領域之前存在。因此，它是在政治之前的，但意思是它構成所有進一步的政治行動和互動。赫拉克利特斯曾將法律比為城牆：就像城牆必先豎立，一個可以辨識出輪廓和邊界的城市才會存在，同樣的，法律決定居民的性格，將他們區隔出來，使他們和其他城市居民明顯不同。法律是由一個人所建構和豎立的城牆，城牆之內真正的政治領域被創造，每個人在其中都可以自由行動。這也是為什麼柏拉圖在頒布尚待建立之新城市的法律時，要召喚宙斯這位邊界和界石的守護者。重要的是邊界的劃定，而不是約束與聯繫關係的形成。可以說，法律是一種讓城邦進入持續性生命的東西，某種取消後便會導致身分喪失的東西，而違反法律乃狂妄之舉，逾越對生命本身所設下的限制。法律在城邦之外是無效的；其約束力只及於它所圈圍和限定的空間。即使對蘇格拉底，觸犯法律和跨越城邦邊界，根本就是同一回事。

重點是，法律雖然界定人們彼此共存而不需武力的空間，但法律本身就其起源和性質而言都具有暴力成分。法律的產生是透過生產，而非行動；立法者類似城市的建築師和起造者，不是政治人（politikos）或公民。法律創造了政治發生的場域，本身包含了內在於所有生產過程的暴力。作為一種製成物，它和任何自然形成、不需上帝或人的幫助才能產生的東西，處於對立。所有不是自然的、非自行形成的東西，都包含一種法則，而它是根據這法則被製造出來的；每種事物都體現自己的法則，法則之間沒有多大關係，如同每種法則的產物之間亦無多大關係。柏拉圖的《果加斯篇》引述品達在其散篇（No. 48，勃克編）所言：「法律不是萬物之主，對凡人或永生者皆然，它以無比權勢施加最大力量，創造正義。」對於臣服於此外力的人，這外力以法律的權威表達自身：它們是城邦的主人和號令者，而城邦中沒有人有權力對同儕發號施令。因此，法律是父親與君主合一，就像蘇格拉底在《克利多篇》（50e-51b）對朋友的解釋。不只因為專權制度在古代家室很普及，同樣也決定了父與子的關係，而「父王」（Vater und Despot, father and despot）一詞並非不常見；也因為，如同父親生了兒子，法律也「生了」公民（或至少法律是這個兒子政治存在的前提，如同父親是其肉體存在的前提），因此根據城邦的一般觀點（而不是蘇格拉底和柏拉圖的觀點），法律有教育公民的責任。但不同於父子關係的是，服從法律不為任何自然的目的，所以也可比擬為主奴關係，而在城邦公民與法律的關係中——也就是，在那他保有自由、並包圍其自由空間的範圍內——城邦公民一輩子都是「兒奴」（Sohn und Sklave, son and slave）。因此，在城邦中不必聽命於任何人的希臘人，能夠警告波斯人不要低估他們的戰鬥效能，因為他們全都敬畏其城邦的法律，如同波斯人敬畏他們的國王。

不論我們對希臘人的這種法律概念做何詮釋，對他們來說法律從不能幫兩國搭建橋樑，或者溝通同一個國家內的不同政治社群。即使是建立新的殖民地，母邦的法律也不足，那些要建立新城邦的人需要新的立法者，一個nomothetēs，其新的政治領域才能被認可而確立。在這些基本條件下，建立新帝國顯然是完全不可能的——即使當希臘與波斯的戰爭[36]在全希臘喚醒一種希臘民族精神，而希臘人對於他們共同的語言和政治結構有了某種覺醒。全希臘的統一或許讓希臘民族免於毀滅，但是如果是這樣，希臘人的真正本質也會跟著滅亡。

如果想衡量法律作為城邦中唯一不受限制的號令者的觀念，和羅馬人法律觀念之間的鴻溝，最好的方式是回想魏吉爾史詩中埃涅伊斯到達義大利時對於拉丁人的形容：這個民族「不受枷鎖和法律的束縛……根據意志恪遵最古老的神祇所傳下來的慣例」(《埃涅伊斯記》vii, 203-4)。法律的出現，最先是因為土著和新來者之間必須簽訂條約。羅馬是建立在這條約之上，如果「將所有土地置於其法律之下」是羅馬的使命(《埃涅伊斯記》vii, 231)，它所表示的正是將所有土地結合到一個條約系統中，羅馬民族特別有資格去從事這個任務，因為它自己的歷史存在就是衍生自一個條約。

如果要用現代範疇去表示，我們必須說，對羅馬人而言，政治始於外交政策，而這正是希臘心智完全排除於政治領域之外的東西。同樣的，政治領域本身對羅馬人來說雖然只能在法律的範圍內產生和持續，卻只有當不同國家彼此遭逢交往的時候，這個領域才會出現並擴張。這遭遇以戰爭的形式發生，而populus這個拉丁字原本的意思是「兵力」(艾特海姆，ii, p. 71)，但這個戰爭卻不是政治的結束，而是開始，或者說是從締約結盟所產生的新政治場域的開始。這即是古代著名的羅馬的「仁慈」，所謂的parcere subiectis，饒恕被征服者，羅馬人先是以此將義大利的地方和人民組織起來，接著以此組織他們在義大利以外的領地。迦太基的滅亡也沒有否定這個原則，因為它實際上是在政治世界中操作的，也就是說，從來不是毀滅，而是擴張和簽訂新的條約。迦太基的狀況是，被摧毀的不是軍事力量；在羅馬勝利之後，大西皮奧[37]提供給被征服者的是前所未有的優惠條件，現代的史家甚至會因此自問，他這麼做比較是為了自己的利益，還是為了羅馬的利益（參見孟森，i, p. 663），但那也不是為了競爭地中海的商業利益。被摧毀的東西，最主要是一個「從來不守信用、也不知原諒

36 譯注：希波戰爭從西元前五四六年持續到四四八年左右，國力鼎盛的波斯帝國的軍事擴張作為威脅希臘諸城邦，卻也促使對外關係鬆散、對內意見紛紜的希臘眾城邦發現到必須聯合起來才能對抗波斯，後因善用戰術，在幾次重要戰役中以寡擊眾，最後據說雙方簽訂卡利阿斯（Callias）合約，波斯承認歐亞希臘城邦的自由，其艦隊不得進入愛琴海。

37 譯注：Scipio the Elder，西元前二三六－一八三，亦稱Publius Cornelius Scipio Africanus，打敗迦太基名將漢尼拔（Hannibal）的羅馬將軍。

的政府」，因此體現了一種反羅馬的政治原則，對此羅馬的政治家是無能為力的，而如果羅馬沒有先下手為強，它就會將羅馬給摧毀。大迦圖心中所想應該也是類似的東西，現代史家追隨他，以當時的全球觀點把毀滅一個城市——也是羅馬當時唯一的敵手——合理化。

不論這種辯解的有效性如何，重點是它並不符合羅馬的思想，也不可能在羅馬史家之間普遍流傳。羅馬的作法是允許敵邦繼續作為敵對者而存在，就像大西皮奧在打敗漢尼拔之後所做的。羅馬的作法會是回想羅馬祖先的命運，如迦太基的毀滅者艾米尼亞努斯．西皮奧[38]，對著城市的廢墟潸然淚下，然後隨著滅亡的預言，引一段荷馬：「終有一天神聖的伊利烏姆城[39]會消失，還有普里安以及這揮舞長矛的國王之子民」(《伊里亞德》iv, 164f; vi, 448f)。最後，具有羅馬特色的作法，是將這場勝利——毀滅一座城市並將羅馬變成世界強權的勝利——視為羅馬本身之終結的開端；幾乎所有的羅馬歷史家，塔西圖斯[40]除外，都會這麼做。換言之，羅馬的作法是承認威脅自身存在的敵人，特別是戰爭中的敵人，必須饒恕其性命，讓他活著——不是出於同情，而是為了擴張羅馬的版圖，因此必須招納這最不相容的勢力，進行新的結盟。這一遠見促使羅馬人將切身的利益擺在一旁，成為希臘式自由和獨立的堅決支持者，雖然從希臘城邦的實際狀況來看這種舉動近乎愚蠢。他們這麼做，不是為了要在希臘替他們毀滅迦太基的行為贖罪，而是因為他們在希臘的性格中看見羅馬真正的對應者。對羅馬人而言，這就如同赫克特再度和阿奇里斯遭逢，並提議戰爭結束後雙方結為盟邦。只不過，阿奇里斯到那個時早已年邁，脾氣又不好。

如果將道德標準應用於此，而從倫理動機侵犯政治考量的角度看待，就失之遠矣。迦太基是第一個羅馬必須面對的、實力與它不相上下的城市，而這對手也體現了與羅馬相對立的原則。因此，羅馬締約結盟的政治原則證明並不是處處適用，這是第一次顯示了箇中侷限。要理解這樣的狀況，我們首先必須了解，羅馬最初用以將義大利各地區組織起來、接著組織世界各國的法律，並不單是我們所知的條約這個字的意思；它的目標在於長久的關係，這是結盟的主要內涵。羅馬的盟邦，即 socii，幾乎都是在某個時候被征服的敵人，從這些盟邦產生出羅馬的 societas，這和社會沒有關係，而是一個促進夥伴關係的合作共同體。羅馬本身追求的不是由羅馬來宰制其他民族和土地，建立一個 Imperium Romanum（羅馬帝國）——從孟森以來這個說法就落在羅馬身

38 譯注：Aemilianus Scipio，西元前一八五－一二九，大西皮奧之孫，領軍於西元前一四六年消滅迦太基。

39 譯注：Ilium，羅馬帝國東部舊都名。

40 譯注：Cornelius Tacitus，約五六－一一七，羅馬帝國的歷史家，其主歷史著作涵蓋西元一四年到九六年的羅馬帝國史，著作對羅馬帝國的貪婪、腐敗、專制多所批評。其機敏、緊湊的拉丁文風格為研究者所稱道。

上，幾乎是違反其意願地強加在他們身上；他們追求的其實是一個societas Romana（羅馬的共同體），由羅馬主動發起的一個可以不斷擴張的結盟體系，各民族與土地和羅馬的關係不只是由暫時而可一再延長的條約所締結，它們也變成羅馬永遠的盟友。對於迦太基帝國，羅馬沒能做到此，是因為他們只能進入地位相同兩方的條約關係——用現代的話來說就是進入一種共存關係，但這種現代意義的條約卻超出羅馬人的思想可能性。

這不是意外，不應該歸因於羅馬的愚鈍。從那啟發羅馬從頭到尾的政治存在的基本經驗來看，羅馬人所不知道的、確實也不可能知道的，正是內在於希臘人之行動的那些特徵：希臘人透過普遍法為行動設下範圍，不是將法律詮釋為一種聯繫或關係，而是一道圈圍的邊界，沒有人可以跨越。因為，行動的本質總是在進入世界的過程中創造關係和聯繫，其內在欠缺調節，即希臘劇作家埃斯庫羅斯所稱的一種「不知足」，而那只有希臘意義下的法律，nomos（普遍法）可加以節制。對於希臘人的心智而言，欠缺調節不是因為行動的人不知分寸，或是態度狂妄，而是因為從行動中所產生的關係，是一種無所限制的不斷擴展，也必須不斷擴展的東西。透過把人和行動連結，行動所建立的每種關係最後都會終結於一個連帶關係網絡，它又引發新的環節，改變既有關係的群集，如此不斷往外伸張，愈來愈遠，將更多東西推到相互關聯的運動中，遠超過啟動者所能預見的。希臘人用nomos（普遍法）反制這種朝向無所限制的推進，將行動限制在城邦之中人與人之間的事物，而如果不可避免地，行動陷城邦於超出其能力範圍的事情，這些事情就會被交付到城邦去處理。在希臘的思考方式中，這就是行動開始變得具有政治性的過程，也就是變成和城邦有關，也因此和人的共體生活的最高形式有關。普遍法限制行動，阻止行動散逸成無法預見、不斷擴張的關係體系，並藉此賦予行動持久的形式，將每個行動變成英勇事蹟，並因其偉大與卓越而得以被記憶和保存。因此，nomos（普遍法）變成一項利器，可對抗一切有限事物的短暫無常，一如希臘悲劇年代那獨特的經歷，也對抗言說語詞的稍縱即逝，和偉大成就之如過眼雲煙。但為了普遍法所具有的這種賦形的力量，希臘人也付出代價：他們無法建造帝國；無疑地，整個希臘最後因城邦的普遍法而滅亡了，因為城邦雖然無法如同殖民地一樣擴散，卻也無法結合在一個永恆的聯盟之下。但我們可以用同樣道理，說羅馬人是其法律（lex）的受害者，雖然法律允許他們到哪裡都可以締結持久的同盟關係，本身卻也是不受限制的，因此迫使他們違背自身意願——他們確實缺乏任何權力意志或對統治權的渴望——去統治全球，一個一旦取得只能走向崩潰的統治領域。這幾乎是事情的本質所在：隨同羅馬的衰亡而永遠消失的是世界的中心，以及羅馬特有的使全世界環繞於一個中心的可能性。但今天當我們想到雅典的衰亡，很容易可以猜測到，隨著雅典永遠消失的不是世界的中心點，而是一個人在世界之中最高的潛能。

為了其史無前例地不斷擴展持久關係並結盟的能力，羅馬所付出的代價不僅是建立一個不斷超越邊界而擴張的帝國，最終卻導致自身城市以及其所統治之義大利的衰落。另外一個代價在政治上沒有那麼慘痛，但在精神上同樣重大：隨著希臘和羅馬不偏不倚態度的喪失，失去一種偉大與卓越感——不論在哪裡發生，以任何形式——更喪失了透過讚頌偉大而賦予不朽名聲的所有意志。羅馬的歷史書寫和文學絕對是「羅馬式的」，而希臘的文學和歷史書寫則從來不是「希臘式的」，即便是臨近衰亡時。對羅馬人而言，一切總是和記錄他們城市的歷史有關，記錄建城之後的擴張：ab urbe condita（自建城起）；或者像魏吉爾所說，是在述說導致城市建立的故事，即埃涅伊斯的英勇事蹟和流浪：dum conderet urbem（當他在建立這座城市時）（《埃涅伊斯》i, 5）。某種意義上我們還可以說，希臘人摧毀敵人，從歷史角度來說對敵人是比較公正的，留給後人的東西也多於羅馬人和敵人結盟的作法。但是從道德意義上來說，這個判斷是錯的。羅馬的勝利者非常了解戰勝的道德面向，也透過被征服者的口中自問，自己是否是「偷竊世界的征服者，對毀滅的強烈欲望最後會變成再也沒有任何土地可以征服，」而執意結盟、並與他國建立永久法律關係的作法，是否會被認為在說「他們是人中之人，追求空無如同追求豐足一般熱切。」不論如何，從被征服者的角度，羅馬人所稱的「法律」似乎就是掠奪、謀殺、偷竊的同義字，而pax Romana，傳頌後世的「羅馬和平」，不過是指羅馬掠奪後留下的遍野荒涼（塔西圖斯，《艾格利可拉》30）。但類似的評論，和現代愛國的、國族主義式的書寫比起來，或許令人印象深刻，但是他們提出來的反對觀點，事實上只是從人性角度來看的任何勝利的反面，也就是戰敗者作為戰敗者的那一面。如果認為有任何和羅馬一樣偉大、但絕對不同的實體，值得在歷史上被詠懷——希羅多德記述希臘與波斯的戰爭，就是從這個觀念開始——那麼這想法對羅馬人來說是完全陌生的。

在這方面不論羅馬的侷限如何，外交政策的概念——即對外關係的**政治**——以及後來超越自己國家或城市邊界的政治秩序之觀念，其起源毫無疑問是在羅馬。羅馬將民族之間空間的政治化，標誌了西方世界的開端——的確，它首先將西方世界想像為**世界**。羅馬之前有許多文明，有些文明相當富有而偉大，但是存在它們之間的不是一個世界，而是一片荒漠，狀況好的話，橫跨荒漠或許會建立起幾道藕斷絲連的關係，或者建造幾條穿越荒蕪之地的道路。狀況不好的話，荒漠會延伸，擴大成戰爭，摧毀曾經存在的任何世界。我們習慣用十誡的言語來理解法律和正義，視之為訓誡和禁令，其唯一目的是要求服從，以致於我們很容易忘記法律的空間特性。所有法律都先是創造一個法律效力所及的空間，而這空間是我們可以在其中自由移動的世界。在這空間之外是沒有法律的，更確切的說是沒有世界的；就人類社群而言，那是一個荒漠。

極權主義政體興起以來，內政與外交政策所遭逢的威脅之本質，使得這兩類政策當中真正具有政治意義的東西消失了。假如戰爭再一次變成殲滅戰爭，那麼從羅馬人以來所執行之外交政策的特有政治性將會消失，國族之間的關係會退回到那無法無天、無世界的曠野，它摧毀世界，只留下一片荒漠。因為在殲滅戰爭中，被消滅的遠大於被征服之敵人的世界；主要是中間的部份，也就是存在於敵對各方及其人民之間的空間，那領域合起來形成人世間的世界。先前提到，人的雙手所毀滅的東西可以用雙手再度製造出來，但此陳述並不適用於這個中間的世界，因為這個世界的產生不是因為製造，而是透過人的行動。行動是人的主要政治活動，從行動中產生的關係之世界，遠比製造出來的物之世界，由建築者和製造者擔任唯一統治者與主人的世界，更難以摧毀。但是，關係的世界一旦被摧毀，那麼政治行動法則（其過程非常難以逆轉）會被荒漠之法所取代，那介於人和人之間的荒原，將釋放出極具破壞性的進程，而這進程會像那些建立關係的自由人類行動一樣，欠缺內在的節制力。歷史上不乏這種破壞的過程，而幾乎沒有任何一個例子，在整個世界被拖累，連同豐富的關係資源一起毀滅之前，可以使這過程戛然停止。

政治還有任何意義嗎？

列寧預言這個世紀是戰爭和革命的年代，我們事實上也還生活在其中，而這年代戰爭與革命的規模確實是前所未見，致使政治上發生的事情，變成所有個人命運中一個基本的因素。但是每當這命運加速全力開展，每當人類被捲入世界的暴亂漩渦，這命運就會帶來大難。政治帶給人的災難無以慰藉，遑論現在威脅所有人類的更大的災難。二十世紀的戰爭不是清除政治空氣的「鐵的風暴」（storms of steel，榮格爾語）[41]，也不是「政治的延長」（克勞塞維茲語）；那是足以把世界變成荒漠、將人世化為無生物的滔天大難。另一方面，如果我們追隨馬克思，嚴肅地將革命視為「歷史的火車頭」，則革命所清楚展現的是，這歷史之鍊正急速奔向深淵，而革命根本無法避免災禍，只是隨著過程的進展，速度愈來愈驚人。

形塑二十世紀基本政治經驗的是戰爭與革命，而非議會政府或民主政黨機制的運作。忽略這些經驗，等於不是活在這個我們所生活的世界。看到這樣的事件，看到我們的世界不斷被侵犯，而我們也依然能夠每天見證這艱困的現實，那些必須努力從事

41 譯注：《鐵的風暴》為德語作家榮格爾（Ernst Jünger，一八九五—一九九八）的書名，記錄第一次世界大戰時的個人經驗。

政府公務、在大災難的空檔規範著人類事務的人，簡直就像騎馬行走在康斯坦茨湖上的騎士：我們可能會想到，只有那些不管是什麼原因而不熟悉這個時代的基本政治經驗者，才能夠承受那危險的逼近，他們一點也沒察覺到那危險，就像康斯坦茨湖上的騎士對腳下湖水結冰的情形幾無所知。[42]

暴力行動有一項鮮明的特徵，即它需要有形手段，以及將那些為了脅迫或謀殺所製作的工具引進人類關係中。這些工具是武力手段的彈藥庫，像所有手段一樣，是為了達成某種目的。如果意在防禦，目的可能是自我保存，若是攻擊，就可能是以征服或宰制為目的。如果是革命，則目的可能是要毀滅，甚至恢復舊有的政治實體，或建構新的政治實體。這些最終目的作為目標時，內涵並不相同，但總是政治行動所追求的；政治的目標向來都不過只是綱領和指示，我們靠它認識方位；其內容從不是鑄刻在石頭上，而具體的實現樣貌總是在改變，因為我們面對的是也有自我目標的其他人。人和人之間的空間，除了言說，那缺乏任何具體可感手段的東西之外，原本沒有任何東西在其中來回；而只有當原始外力動用彈藥庫的工具，引進到人與人之間的空間時，政治目標才會化為具體目的，它的定義明確，就像實際物體賴以製造的模型，也像模型一樣，決定了手段的選擇，正當化甚至神聖化那些手段。假使一樁未示意動用原始外力的政治行動未達成其目標——實際上從未達成過——也不會讓這政治行動變得失去重點，或變得沒有意義。它從來不會因為不是在追逐一個「點」，也就是一個目的，而變得失去重點；這行動只是朝向目標的方向，這方面它多少還算成功；政治行動不會是無意義的，因為在言說的往來交換之下——個體與人民，國家與民族之間的交換——先是創造出那允許其他一切發生的空間，然後使它可以持續存在。政治語言中稱為「關係的破裂」，指的就是那種中間空間的放棄，所有暴力行動在進一步殲滅那些生活其中的人之前，首先摧毀的就是這中間所在。

因此，在政治上我們必須區分目的（Zweck, end）、目標（Ziel, goal）和意義（Sinn, meaning）。事情的意義，不同於其目的，意義向來包含在事物自身之內，一個活動的意義則只要活動持續就能存在。所有活動和行動皆然，不論是否在追求某個目的。活動和行動只是最終目的的對立面；要等到成就目的的行動結束之後，目的才開始實現——就像只有當物品的生產者完成最後一道功夫的那一刻，一個製成品才開始存在。我們藉以調整方位的目標，則設定了評判標準，所有東西在完成之後都必須依此加以判斷；它們超越於完成的東西，就像每種量尺都高於它必須衡量的東西。行動目

42 柯注：鄂蘭的典故來自一個德國民間故事，騎馬者一無所知地馳騁於結冰覆雪的康斯坦茨湖。當有人告訴他所處的險境時，他落馬身亡，可說是被嚇死的。

標和目的結果有一個共通點：即它們都存在於行動之外，獨立於所採取的任何行動。行動目標和意義也有共通之處：也就是都比目的不具實形、不可觸知，雖然目標不像意義，目標可以在特定行動完成之後還繼續存在。假設政治行動確實在追求某目標，且必須根據目標得當與否對行動下判斷，則政治關心的是本身不具政治性、卻高於政治的東西，如同所有目的都必須高於藉以達到目的的手段。也會推導出，一旦達到目的，政治行動就會停止，普遍而言的政治，如果不過是為了達成非政治目的的得當手段——有如那是其唯一的存在理由——在某個時點就會完全從人類歷史消失。最後，所謂得當行動，重要的唯有完成預設的固定目的才是最重要的，在這脈絡下，原始外力永遠會扮演主要角色。

所有政治行動都具備這三種要素，欲追求的具體目的，心中的目標和依循的方向，以及在政治行動中所展現的意義——除此之外，還有第四個要素，雖然不是直接促成行動的原因，卻是最先讓動作開始的。追隨孟德斯鳩在《法意》中對此要素的討論，我想稱之為「行動原則」(das Prinzip des Handelns, principle of action)，以心理學語言來說，可以說它是一群人共同分享的基本信念。有許多基本信念在政治行動過程中扮演重要角色，也透過歷史流傳下來，雖然孟德斯鳩知道的只有三種：君主制度中的榮譽、共和制度中的美德，以及君主專制中的恐懼。這些原則我們可以輕易地再加上名聲，那是我們從荷馬的世界中知道的；或者自由，那可以在雅典的古典時期中找到；或者正義；或者甚至平等，如果我們所理解的平等指的是相信每個人的內在價值。這些原則的不凡意義，不只在於它引發人的行動，更在於它經常為行動提供滋養。為避免誤解，我們必須先處理一個困難：不只是引發行動的原則會隨著各種政治體以及不同的歷史時代而變動。某個時代的行動原則在另一個時代可能變成一個目標，變成行動方向的依據，甚至變成其追求的目的。譬如，不朽的名聲，只在荷馬世界裡是行動原則，但整個古代人們都當它是方向依據和判斷行動的標準。再舉一例：自由可能是行動的原則，像在雅典城邦一樣，但也可能成為生活在君主政體下的人們衡量其君主是否逾越權力範圍的判準，而在革命的年代，自由很容易變成一個革命家相信可以追求的具體目的。

有鑒於政治行動可能將人類暴露於危險之中，當我們問到政治是否還有什麼意義時，同時也提出一整串非常難以回答的問題，雖然提出的方式有點含糊，且沒有考量它們不同的政治意義。這個問題是本文的出發點，所帶出的迴響首先是：政治究竟有任何目標或目的嗎？這個問題的意思是：政治行動所能追求的目的，值得動用到一些在某些情況下必須使用才能達成的手段嗎？其次，在政治領域中，有任何目標是可賴以設定方向的嗎？如果確實有，其標準是否完全無效而過於不切實際？第三，政治行動的典型特徵，至少在這個時代，不就是缺乏任何原則？它不是從許多可能的人類社群泉源產生，從那深處汲取養分，而是機會主義式地緊抓著每日事件的表面，讓自己在各種方向中翻滾攪動，今天大肆宣揚的東西，往往直接和昨天發生的事情產生矛盾。行動不是把自己帶到荒謬的地步，掩埋了那些或許曾經啟發行動的原則和泉源？

任何人在這個時代若開始思考政治，上述問題不可避免就會出現。但是這些問題所呈現的形式並無法被回答。在某些程度上那是不需回答的反詰，或者應該說是感嘆問句，這些問題必然會陷於造成那些問題的同樣經驗領域——由我們對於原始外力的範疇和概念所界定和描繪的經驗領域。目的的本質在於它要能說明達成目的的必要手段是正當的。但是，什麼樣的目的可以正當化那些在某些狀況下會摧毀世上之人與生物的手段？目標的本質在於它能限制目的和手段，而使行動免於受到長存其內在的無節制性的威脅。但如果是這樣，那麼一旦指向某一既定目的的行動顯然失去重點的時候，目標就已經失去作用了。否則的話，我們絕對不會變得像現在這般，讓政治行動去操作今天強權可以取得的武力手段，而這些手段想必在不久的未來也會落入所有主權國家手中。

符合這個世紀經驗的政治，向我們開展的經驗範圍相當狹窄，最清楚的證明或許莫過於以下的事實：當我們深信行動既無目的、也無目標時，我們就會自動質問政治的意義。行動原則的問題已不再形塑我們關於政治的思考，至少當何種政治體和政府形式最能代表人類共體生活最佳部分的問題沉寂之後，便已是如此——那是在十八世紀美國大革命的數十年，對君主政體、貴族政體和民主政體，以及／或者共和體制中能夠混合君主、貴族、民主成份的政治體之可能利弊，有著熱烈的討論。的確，關於政治意義的問題——也就是關於值得被記憶、且只有當我們在政治上共同生活和討論時才顯現的那些持久的元素——幾乎從古代以來就不曾被認真問過。我們問到政治行動的意義，其實指的是目標和目的，而我們稱之為意義，只因為真的不再相信政治有任何如實的意義。因為經驗的緣故，我們容易將各種可能的行動要素混在一起，宣稱區分目的和目標、原則和意義等等是沒有用的，除非是要挑毛病、找麻煩。

我們沒有意願去做這種區分，當然不能阻止真正的、事實的差異在真實世界中顯現；這種態度只會阻止我們充分理解正在發生的實情。行動的目標、目的和意義，很少有相同之處，同樣的行動，在過程中最後可能會發生爭議，以致於行動者彼此陷入嚴重衝突，而關注其行動的歷史家，雖然任務是要確實記述事件，卻只會發現自己陷入無止境的關於詮釋的辯論中。運用了原始外力的行動所能揭顯於世、並使之為人所見的唯一意義，是人類交流過程中那巨大的強迫力，而它又相當不受那些武力所欲達成之目的的影響。即使當追求的目的為自由時，包含在這一行動本身的意義卻是暴力的強制。這極為真實的衝突，是那些矛盾、扭曲之措辭的源頭，從革命中我們對這些措辭已經太熟悉了，比如我們必須強迫人們自由，如同羅伯斯比所提議的，以自由的專政取代君主的專權獨裁。唯有目標能夠在實際上消解、或至少緩解意義和目的之間這種謀殺式的衝突，這同樣存在於戰爭和革命之內的衝突。因為所有武力的目標都是和平——這是目標，但非目的，因為我們必須依據目標來判斷所有對於武力的個別運用，套用康德（在《永久和平》）的說法，任何會使後來的和平變得不可能的事情，都不應該被允許在戰爭中發生。目標不包含於行動本身，但它也不同於目的，不是存在於未來。如果目標是可達成的，就必須經常在場，且就是要在目標還沒達成的這段時間。如果在戰時，目標的功能顯然在限制武力；但對武力進行限制的時候，目標最後會和動員武力手段來實現的具體目的產生衝突，因為如果放任手段橫行，或者換個方式說，如果手段是根據具體目的而加以組織，這些目的可以更好、更快地實現。目標和目的的衝突，緣於目的會將一切可運用的事物降為僅是手段，而將一切對它沒有幫助的東西斥為無用。但既然暴力行動中的一切都是以目的／手段的範疇角度來進行，那麼毫無疑問，不認可和平目標的行動——還有極權政體所發動的戰爭，以征服全世界或宰制全世界的目標取代和平的目標——最後總會證明在原始武力的戰場上總是比較佔優勢的。

由於我們大部分政治方面的經驗，是從原始外力的戰場而獲得，所以自然會以強制和被強制、統治與被統治的範疇來理解政治行動，因為在那些範疇中顯現了所有暴力真正的意義。我們容易將和平視為某種來自政治領域之外的東西——而和平作為一個目標意在將武力用於適當的地方，限制其毀滅力道；我們也傾向迎接和平的時代，即使在我們的世紀，和平也穿插在災難之間，如同那五年或十年的間隔，而政治讓我們屏息觀望。當蘭克發明「外交政策優先性」一詞，他心理所想或許是，對政治家來說，安全的邊界和國與國關係必須優先於其他一切考慮，因為每個國家或民族的基本存在就是以此為根據。我們或許會認為，是冷戰才教會我們外交政策優先性的真正意義。如果政治唯一重大考量是外交政策，或者危險總是埋伏在國與國關係當中，這意思就是，克勞塞維茲所言的戰爭是政治的延長，在過程中已經被顛倒，武力手段偶爾會被精明談判手段給取代，政治變得不過是戰爭的延長。誰又能否認，我們不得不身處其間的軍備競賽的環境，暗示著康德式的陳述也被打亂了，他說任何使往後的和平變得不可能的事情，都不應該在戰爭中發生，現在變成，我們所身處的和平中，可能沒有一件事情不被用來使未來的戰爭依然有可能發生。

跋

Epilogue

現代的無世界性（worldlessness）在增加，我們**中間**的一切都在萎縮，這也可說是荒漠的擴張。尼采率先指出，我們生活和行動在一個荒漠世界裡，但也是尼采對此做出第一個錯誤的診斷。他如同幾乎每個後者，相信荒漠存在自我之內，因此不只如同最早有此意識的荒漠居住者，也成為可怕錯覺的受害者，現代的心理學是荒漠心理學：當我們失去判斷力——失去受苦和譴責的能力——就開始以為，如果我們不能在荒漠的條件下生活，一定是自己出了問題。當心理學努力想「幫助」我們時，它是在幫助我們「適應」這些條件，拿走我們唯一的希望，那唯一希望就是：我們雖然居住於荒漠中，卻不屬於荒漠，我們有能力將荒漠轉化為人類世界。心理學把一切搞混：正是因為我們覺得在荒漠條件下的生活痛苦不安，我們才依然是人，依然保有人性；危險的是變成真正荒漠中的居民，在其中安居而不覺痛苦。

更大的危險在於荒漠中有沙暴，荒漠並非總是平靜如墳墓，畢竟一切皆可能，荒漠也可能捲起風雲。這些風暴是極權主義運動，主要特徵在於它相當有能力適應沙漠的條件。其實，極權主義運動沒有考慮其他，因此是荒漠生活中最適當的政治形式。心理學是調整人類生活去適應荒漠的學門，極權主義運動是錯誤行動或偽行動從死寂般的寧靜迸發出來的沙暴——心理學和極權主義運動皆對人類的兩種能力造成立即的危險，即結合熱情與行動的能力，這兩種能力皆耐心地使我們能夠轉化荒漠，而不是改變我們自己。當我們落入極權主義運動或現代心理學的順應機制時，受得苦確實比較少，但我們失去痛苦的能力，也因此失去忍受痛苦的德性。只有能夠耐得住荒漠環境猶保有生命熱情的人，才能相信他可以在自己身上喚起存在行動根源而成為行動者的勇氣。

沙暴也威脅那些沙漠中的綠洲，若沒有綠洲，誰也無法忍受沙漠的環境條件；另一方面心理學只是嘗試使我們習慣於沙漠生活，而不再感覺需要綠洲。綠洲是那些獨立於政治條件而存在的生活領域，或者大抵上能夠不受影響的生活領域。出問題的是政治，我們的複數存在，而不是我們以單數個體存在時能夠做到或創造出來的東西；在藝術家的孤立中，在哲學家的孤獨中，在人與人之間那些本來即無世界性的關係中，比如在愛情、有時候也在友情關係之中——友情是當一顆心向外迎向他者；而愛情是中間的關係（in-between），即兩人世界，燃起火花。政治科學家應該知道，沒有這些綠洲的完好無損，我們會不知道如何呼吸。那些必須在沙漠中過生活、做事營生、並不斷擔憂其狀況的人，如果不知道如何利用綠洲，那麼不必仰賴心理學，自己就會逐漸變成沙漠居民。換言之，綠洲並非「休閒」之所，而是充實生命的泉源，使我們在荒漠中生活而不須向其條件妥協；如果不知如何利用，綠洲將會乾涸。

與上述相反的危險更為常見。一般被稱為**逃避主義**：逃離荒漠世界，逃離政治……進入不論什麼的狀態。這是比較不危險、比較微妙的化綠洲為廢墟的方式，不像沙暴，可說是來自空無而直接威脅綠洲的存在。在打算逃離的時候，我們也將沙帶入綠洲——就像齊克果，他想逃離懷疑，卻在躍入信仰時，將懷疑帶入了宗教之中。欠缺耐受力，無法認識或忍受懷疑乃現代生活的基本條件，如此一來便將懷疑帶進它唯一不該進入的領域——宗教；或嚴格說來，是信仰的領域。這只不過是一個例子，告訴我們若欲逃離沙漠會發生什麼狀況。若為了逃避而投身綠洲，只會摧毀這滋養生命的園地，因此，有時候似乎就像一切都彼此串通好了，要將荒漠條件普遍化。

但這也是錯覺。歸根結底，人類世界永遠是人 amor mundi（對世界之愛）的產物，由人所創造，其潛在不朽性永遠受限於建造者的生命有限性，以及新來者的誕生。哈姆雷特之嘆總是成立的：「這時代是亂了套：啊，該詛咒的不幸／竟要我生來把它反正！」在這意義上，世界永遠是沙漠，需要新生者使它重新開始。但最先出現在現代的無世界性（不該與基督教的**來世**性〔otherworldliness〕混淆），衍生出萊布尼茲、謝林和黑格爾所問的問題：世界到底為什麼要有物，而不是空無一物？有鑑於當代世界的特殊狀況，不只是以無物性（no-thingness）、也以無人性（no-bodyness）對這個當代世界構成威脅，那麼或許會產生這樣的問題：世界究竟為何會有人，而不是空無一人？這些問題或許聽來虛無，其實不然。正相反，這是在客觀的虛無主義處境中所提出的反虛無主義的問題，而在這虛無主義處境中，無物性和無人性正虎視眈眈要毀滅世界。

柯按：本文是鄂蘭一九五五年春季在加州柏克萊大學一門講座課程的結論，課程名為「政治理論的歷史」。

漢娜・鄂蘭其他作品

Was ist Politik?

《何謂政治？》

The Origins of Totalitarianisms

《極權主義的起源》，林驤華譯。左岸：二〇〇九。

Karl Marx and the Tradition of Western Political Thought

〈馬克思與西方政治思想傳統〉，一九五三年講課。

Von Hegel zu Marx

〈從黑格爾到馬克思〉，一九五三年廣播演說。

Philosophy and Politics: The Problem of Action and Thought after the French Revolution

〈哲學與政治：法國大革命後行動與思想的問題〉，一九五四年講課。

Essays in Understanding, 1930-1954

《論理解：一九三〇—一九五四》

The Human Condition

《人的條件》，林宏濤譯。商周：二〇一六。

What was Authority?
〈權威曾是甚麼？〉

Eichmann in Jerusalem: A Report on the Banality of Evil *
《平凡的邪惡：艾希曼耶路撒冷大審紀實》，
施奕如譯。玉山社：二〇一三。

On Revolution
《論革命》

Between Past and Future
《過去與未來之間》

Political Experiences in the Twentieth Century
〈二十世紀的政治經驗〉，一九六八年講課。

Hannah Arendt/Karl Jaspers Correspondence, 1926-1969
《鄂蘭／雅斯培通信集：一九二六—一九六九》

* 本書中直譯為《艾希曼在耶路撒冷》。

Lectures on Kant's Political Philosophy

《康德政治哲學講稿》

Denktagbuch 1950 bis 1973

《思想日誌：一九五〇—一九七三》

The Life of the Mind

《心智生命》，蘇友貞譯。立緒：二〇〇七。

Responsibility and Judgment

《責任與判斷》，蔡佩君譯。左岸：二〇一六。

Letters, 1925-1975/Hannah Arendt and Martin Heidegger

《鄂蘭和海德格通信集：一九二五—一九七五書信》

譯名對照

ㄅ

波利比奧斯 Polybius
波舒埃 Bossuet, Jacques-Bénigne
伯里克利斯 Pericles
勃克 C. A. Boeckh
柏克 Edmund Burke
貝貝爾 August Bebel
貝羅 R. H. Barrow
辯士派 Sophists
《辯辭》（德爾圖良）*Apologeticus*
布克哈特 Jacob Burckhardt

ㄆ

帕門尼德斯 Parmenides
派培 Klaus Piper
佩多 Peith
佩佳姆斯 Pergamus
品達 Pindar
《普遍歷史論》（波舒埃）*Discours sur l'histoire universelle*
普里安 Priam
普羅塔哥拉斯 Protagoras

ㄇ

馬太福音 Gospel of Matthew
馬克思 Karl Marx
馬基維利 Niccolo Machiavelli
莫伊 H.A. Moe
麥迪遜 James Madison
〈梅里安對話錄〉（修斯提底斯）*The Melian Dialogue*
孟德斯鳩 Charles-Louis de Montesquieu
孟森 Theodor Mommsen
米納娃 Minerva

ㄈ

《法律篇》（柏拉圖）*Laws*
《法哲學》（黑格爾）*Philosophy of Right*
《法意》（孟德斯鳩）*L'Esprit des lois*
菲狄亞斯 Phidias
《費德羅斯篇》（柏拉圖）*Phaedrus*
《費多篇》（柏拉圖）*Phaedo*
《費爾巴哈提綱》（馬克思）*Thesis on Feuerbach*
《浮士德》（歌德）*Faust*

ㄉ

《答辯辭》（柏拉圖）*Apology*
達爾文 Charles Darwin
大迦圖 Cato the Elder

大西皮奧 Scipio the Elder
《德國國家與社會》（艾申布格）*State und Gesellschaft in Deutschland*
德爾圖良 Paul Tertullian
戴爾菲神諭 Delphic oracle
黛多女王 Dido
《道德系譜學》（尼采）*The Genealogy of Morals*
丹涅伊斯人 Danaeans
《第七封信》（柏拉圖）*Seventh Letter*
《第十一封信》（柏拉圖）*Eleventh Letter*

ㄊ

塔西圖斯 Tacitus
特努斯 Turnus
泰利斯 Thales of Miletus
《帖艾提多篇》（柏拉圖）*Theaetetus*
托克維爾 Alexis de Tocquevillle

ㄋ

《尼科馬克倫理學》（亞里斯多德）*Nicomachean Ethics*
尼采 Friedrich Nietzsche
諾德曼 I. Nordmann

ㄌ

拉提姆 Latium
拉維妮亞 Lavinia
勒維特 Johann Kasper Lavater
萊布尼茲 Gottfried Wilhelm Leibniz
蘭克 Leopold von Ranke
《利維坦》（霍布斯）*Leviathan*
列寧 V.I. Lenin
羅伯斯比 Maximilien Robespierre
《羅馬史》（孟森）*Römische Geschichte*
《羅馬人》（貝羅）*The Romans*
羅慕洛斯 Romulus
羅罕 Henri duc de Rohan
《邏輯學》（黑格爾）*Logik*
《倫理學》*Ethics*
《論共和國》（西塞羅）*De res publica*
《論責任》（西塞羅）*De officiis*
盧坎 Lucan
魯茲 Ursula Ludz
路德 Martin Luther
路加福音 Gospel of Luke

ㄍ

歌德 Johann Wolfgang von Goethe
《國家篇》（柏拉圖）*Republic*
《國家與革命》（列寧）*The State and Revolution*

ㄎ

柯芬特里 Coventry
克勞塞維茲 Carl von Clausewitz
《克利多篇》（柏拉圖）*Crito*
康德 Immanuel Kant
康諾芬 Margaret Canovan
康斯坦茨湖 Lake Constance
庫米 Cumae
庫爾曼 Oscar Cullmann

ㄏ

荷馬 Homer
赫德 Johann Gottfried von Herder
赫拉克利特斯 Heraclitus
赫克特 Hector
赫丘力士 Hercules
海德格 Martin Heidegger
黑格爾 G.W.F. Hegel
《漢娜・鄂蘭：政治思想新詮》*Hannah Arendt: A Reinterpretation of Her Political Thought*
漢尼拔 Hannibal
霍布斯 Thomas Hobbes

ㄐ

迦太基 Carthage
迦圖 Marcus Porcius Cato
君士坦丁大帝 Constantine

ㄑ

齊克果 Søren Aabye Kierkegarrd
權力意志 will to power

ㄒ

西皮奧，艾米尼亞努斯 Aemilianus Scipio
西塞羅 Cicero
希特勒 Adolf Hitler
《希臘文化史》（布克哈特）*Griechische Kulturgeschichte*
希羅多德 Herodotus
錫茲 A. Schields
謝林 Friedrich Wilhelm Joseph von Schelling
《修辭學》（亞里斯多德）*Rhetoric*
修斯提底斯 Thucydides
秀肯出版社 Schocken Books
《形上學》（亞里斯多德）*Metaphysics*

ㄓ

哲王 philosopher-king
宙斯 Zeus
《政治家篇》（柏拉圖）*Statesman*
《政治學》（柏拉圖）*Politics*

ㄔ

城市 Civitas

ㄕ

《詩學》（亞里斯多德）*Poetics*
史賓諾莎 Baruch Spinoza
世界精神 Weltgeist
《社會研究》*Social Research*

ㄖ

榮格爾 Ernst Jünger

ㄗ

《資本論》（馬克思）*Capital*

ㄙ

蘇格拉底 Socrates
索弗克里斯 Sophocles

ㄚ

阿奎納 Thomas Aquinas

阿奇里斯 Achilles

ㄜ

厄該亞人 Achaeans

ㄞ

埃皮克泰圖斯 Epictetus
埃涅伊斯 Aeneas
《埃涅伊斯記》*Aeneid*
埃斯庫羅斯 Aeschylus
艾特海姆 Franz Altheim
《艾格利可拉》(塔西圖斯)*Agricola*
艾希曼 Adolf Eichmann
艾申布格 Theodor Eschenburg

ㄠ

奧古斯丁 Augustine

ㄡ

《歐緒弗洛》(柏拉圖)*Euthyphro*

ㄢ

《安提岡妮》(索弗克里斯)*Antigone*
安納薩哥羅斯 Anaxagoras
安卓瑪希 Andromache

ㄣ

恩格斯 Friedrich Engels

ㄦ

二律悖反 antinomy

ㄧ

《伊里亞德》(荷馬)*Iliad*
伊利安人 Ilians
伊利烏姆城 Ilium
亞里斯多德 Aristotle
亞力山卓城 Alexandria
雅斯培 Karl Jasper
《耶拿現實哲學》(黑格爾)*Jenenser Realphilosophie*
《耶穌與時間》(庫爾曼)*Christ and Time*
尤里西斯 Ulysses

ㄨ

韋伯 Max Weber
魏吉爾 Virgil

ㄩ

《永久和平》(康德)*Perpetual Peace*

政治的承諾／漢娜．鄂蘭（Hannah Arendt）作；
蔡佩君譯. 一二版.
一新北市：左岸文化：遠足文化發行，2017.10
面； 公分.—(左岸政治；258)
譯自 : The promise of politics
ISBN 978-986-5727-62-8(平裝)
1.馬克思（Marx, Karl, 1818-1883） 2.學術思想
3.西洋政治思想 4.極權政治
570.94 106013405

左岸政治 258

政治的承諾（新版）

THE PROMISE OF POLITICS

作　　者　漢娜．鄂蘭（Hannah Arendt）
譯　　者　蔡佩君
總 編 輯　黃秀如
特約編輯　王湘瑋

社　　長　郭重興
發行人暨出版總監　曾大福
出　　版　左岸文化／遠足文化事業股份有限公司
發　　行　遠足文化事業股份有限公司
231新北市新店區民權路108-2號9樓
電　　話　(02)2218-1417
傳　　真　(02)2218-8057
客服專線　0800-221-029
E-Mail　rivegauche2002@gmail.com
左岸臉書　facebook.com/RiveGauchePublishingHouse
法律顧問　華洋法律事務所　蘇文生律師
印　　刷　成陽印刷股份有限公司
初　　版　2008年4月
二版一刷　2017年10月
二版三刷　2021年6月
定　　價　320元
ISBN　978-986-5727-62-8